U0899177

版权登记号：01-2014-1689

图书在版编目（C I P）数据

嗨，一起跑步吧！/ 欧阳靖著 . —北京：现代出版社，2014.6
ISBN 978-7-5143-2895-0

Ⅰ. ①嗨… Ⅱ. ①欧… Ⅲ. ①跑－健身运动－基本知识
Ⅳ. ① G822

中国版本图书馆 CIP 数据核字（2014）第 153290 号

本书由台湾大块文化出版股份有限公司授权现代出版社有限公司独家出版中国大陆地区中文简体字版，发行、销售地区仅限中国大陆地区，不包含香港、澳门地区、台湾地区。

嗨，一起跑步吧！

作　　者	欧阳靖
责任编辑	崔晓燕
出版发行	现代出版社
通讯地址	北京市安定门外安华里 504 号
邮政编码	100011
电　　话	010-64267325　64245264（传真）
网　　址	www.1980xd.com
电子信箱	xiandai@cnpitc.com.cn
印　　刷	北京画中画印刷有限公司
开　　本	720mm × 920mm　1/16
印　　张	15.5
版　　次	2014 年 8 月第 1 版　2014 年 8 月第 1 次印刷
书　　号	ISBN 978-7-5143-2895-0
定　　价	49.80 元

RUN! GIRLS RUN!

嗨，一起跑步吧！

欧阳靖 著

中国出版集团
现代出版社

“训练最痛苦的部分，
就是一开始穿上鞋子的那一刻。”

——1967 年第一位隐匿性别完成波士顿马拉松的女跑者、
1974 年纽约马拉松冠军，凯萨琳·史薇哲

“There is an expression among even the most advanced runners that getting your shoes on is the hardest part of any workout.”—— KATHRINE SWITZER

推荐序

RECOMMENDATION

一

奔跑，让我变勇敢了！

马拉松作家 飞小鱼

渐渐地，“奔跑”也变成台湾的共同图像，像流行风潮般成为时尚，一种流动的风景。如果只是赶时髦，终究是过眼云烟，尝鲜后就失去兴致了。但欧阳靖不一样，她用跑步跟过去那个曾经晦暗、阴郁、暗黑、悲伤、愤怒、自卑的自己道别，蜕变成集聪慧与美丽于一身的靓女孩。不单单是个美跑者，阿靖的心更美，她想要让更多女孩跟她一样，拥有“变美”的能力，于是，她把自己的故事写下来。

每个人并非绝对单一的样貌，幸运的话，就只会以一种足以代表“真我”的姿态出现，喜不喜欢，都是独一无二的自己。阿靖的故事很“精彩”，即使我已经在网路上陆续阅读过，但多数是零星而片断的，直到看了《我与我的人生马拉松》一文，总算窥见她的全貌——看似云淡风轻地诉说着过往，我仿佛看到阿靖那双漂亮的眼睛里隐藏着深沉而巨大的痛苦。都走过了，在挥汗奔跑的过程中，在化成文字之后，一点一滴地释放与升华，她更勇敢了，一如她在书中写着：“我所熟悉的日本逐渐改变了自己的样貌：并非向下沉沦，而是因失去退路而被迫成长、被迫茁壮、被迫变坚强。”

这分明是阿靖嘛！我看到的她，从来没有被那些沉重的过往击败，她一直努力地让自己更好，“相信的力量”是她最强大的信仰，跑步带给她源源不绝的勇气与能量，就这样，她以奔跑的姿态踏上未来的人生旅程。想去“渡”更多人一起加入跑步这个快乐大家庭的飞小鱼，遇见自诩为“长跑传教士”的欧阳靖，会激荡出什么样美丽的火花？我们都用挚爱的文字，缓缓诉说着那个关于微风吹拂、在风中奔跑的梦。噢，谁说跑步很无聊，它可浪漫呢！

二

人生就是一场马拉松

田径马拉松国手 张嘉哲

马拉松，全程42.195公里，田径运动二十四种项目其中一种运动，但因马拉松富有传奇的历史故事，且入门简单不需要太多如撑竿跳、三级跳远的高难度技巧动作，也不具有标枪、铁饼、链球项目的高危险因子，但却有置之死地而后生的戏剧性变化，所以为世人所喜爱，也常被拿来作为比喻长时间从事某种很累人的活动之代名词，如马拉松演唱会、马拉松式的调查，台湾大学每年所举办全程约五公里的校园路跑，也大剌剌自称为台大校园马拉松。

欧阳靖，将自己的人生譬喻为一场马拉松赛，从出生的起跑线至低潮的撞墙期，当然，三十岁的她还没跑到终点。父母亲为她的人生马拉松导师，使她的价值观与正常人不同，而社会中所谓的“正常”也不过是多数为主的单向道。

身体意象（自己对自我身体的的评价）最容易受到同侪、家人、媒体、重要他人与当代流行文化的影响，所以，欧阳靖这场还没到尽头的人生马拉松赛，已经令我反思，刺青就是不好吗？抑或BMI指数过高就应该成为被取笑的对象？我该如何正视并且看待自己的身体？还是随着批判继续堕落？

马拉松的过程就如同一场生命历程的缩影，你会遇到没有公德心乱丢雨衣的民众让你必须跳跃着前进，还必须闪过扛着广告旗帜的走路工，而场边热情加油的民众与跑步的伙伴们成为意志力最佳的补给燃料，但世界当然不是你想的如此简单，出乎意料的路人乱入冲进赛道，叼着烟污染空气品质的大叔催促着快跑快跑，我们无法阻止他人的错误期待与不合理的对待，永远只能放下纷扰，才能继续坚持大步地跑向正确的方向。

三

阳光勇敢快乐地向前跑吧！

欧阳靖丫母 谭艾珍

老妈我连做梦都想不到欧阳靖会与“运动”这档事儿联结啊！

阿靖在儿童时期柔柔弱弱得很～“不爱动”、少女时期是大胖妹欧罗肥完全～“不想动”、而忧郁症时期瘦得像蜘蛛精根本就～“动不了”。对于她的“不动”我一点儿也不奇怪，因为她一出生就发现膝盖关节脱臼，然后一个小婴儿双腿被打上石膏整整一个月，所以就注定阿靖得经历“三不动”的过程。

但是，她现在竟然短短一年半的时间让老妈我有了三大情绪变化啊！我常常开玩笑说看阿靖的成长过程像看戏一样，精彩的变化、猜都猜不到的剧情发展让我瞠目结舌。二〇一一年冬天阿靖每晚出门健走，过了两星期说开始慢跑了，我看她为了身体健康动起来真替她～“高兴”。半年后她去参加台北女子路跑十公里，又过了半年她说要去旧金山跑二十一公里，我嘴巴张到下巴快掉了，简直就是～“惊吓”。又过了半年她说要去日本跑“全马”，因为我没有距离概念无法想象什么叫“全马”？ 为了展现母爱特别陪她去河滨公园练习，我充满爱心骑着脚踏车充当送水车，骑了不到六公里老娘我又饿又累地坐在路边把水和点心全吃光了，害她差一点要向路人讨水喝，哈哈！当然这个经验让我可以想象到“全马”应该是一场硬仗哦！二〇一三年三月十日中午，我边用餐边想着在名古屋的阿靖跑得是否顺利，不一会儿接到阿靖兴奋的来电说比预定时间超前地完成了她人生的第一个“全马”……我挂了电话后激动得含着饭根本吞不下去而眼泪直流，回想过去她为了疗愈自己忧郁症的过程是多么的辛苦又多么的努力，只因为她不甘心自己的人生会被生病绑住而勇敢向前，靠着自己的决心毅力达到目标，当时的我心中满满的是～“感动”。从那时起老妈我正式成为阿靖的粉丝啦！随时祝福女儿欧阳靖迎向着人生的阳光勇敢快乐地跑吧！

四

TO 队长：欧阳靖 路跑团体 Amazing Crew 成员

Andy，勘履者执行长

或许你不认识欧阳靖，她是一个出生脚踝就断掉，曾经胖到七十几公斤，童年就在同侪霸凌与清贫中度过，后来是一天一包烟、需要依赖大量镇定剂、连动起来都有困难的重度忧郁症患者，从细腻与感情充沛的文字中看到欧阳靖与家人用“爱”面对这一切的困境，用马拉松找回人生的自信与态度，才华与光芒从不需要学历来证明，在这本书里我看到队长“欧阳靖”不为人知的坚强毅力与意志。

Elmo，Juksy 线上潮流杂志创意总监

如果你是一个好动的女生，这会是一本很多资讯的书！

如果你是一个想动的女生，这会是一本让你启动的书！

每一个人都会有一个自己的马拉松故事，一个属于自己的故事，打开门，跑步，写身体的故事。

Ken，单车团体 nabiis 创办人

队长“欧阳靖”用身体力行转化成的字字句句，充满着矛盾的深刻人生体验，如同马拉松赛时生理与心理的拉扯一般，她用充满无比勇气的心理战胜了，跑向人生的新起点。相信你也一定能感受到这股跑出来的力量，Run！ Girls Run！

Mr.Q，MJF 品牌主理人

能跑在你左右是我年近三十的荣幸。

当整个七年级世代被称作草莓族时，你可以在这世代中看见一个女子，她曾经把自己埋得这么深，在那最痛楚跟黑暗的角落，那里并非空无一人，还有整个社会对她的鄙视，但十年过去，她用生命的韧性、毅力、信仰从那谷底冲出。认识短短一年不到，这女子即使贪吃、时常懒散，但她的直率跟对生命及社会的热诚是我此生罕见，我无法将她与十年前媒体上的形象联结，我更无法想象她付出过多少努力，她无疑是我们这世代的指标之一，尤其对于次文化年轻人及女性独立上更显其意义，她也是我最亲爱的队长——欧阳靖。

马克妈妈，《My Dog（我の狗）》杂志总编

二○○四年网络上认识了欧阳靖，雪白肤色，身上爬满刺青，颓废阴郁的眼神，很难相信这样的女孩未来会是全马跑者。

或许我永远无法了解，过去的她曾经经历过什么苦痛，不过我现在很清楚，她靠着自己的力量爬起来，向前跨出的每一步，都写着无比的勇气，进入她的跑步世界，相信我，不管你现在是不是个跑者，都会被感动。

徐裴翊，三立新闻主播

我永远记得，采访欧阳靖时，她带着坚定的眼神说，要当个跑步的传教士。

她因为跑步走出重度忧郁，因为跑步而快乐，因为跑步获得力量。

透过欧阳靖的文字，你将认识她曾身处的黑暗，以及拥抱正向的历程。

更重要的是，你会迫不及待，穿上跑鞋走出户外，体验不曾有过的美好。

目录

前言

PREFACE

我相信跑步可以为人心带来无穷的力量，
也希望这本书能开启你的跑步生活。

这本书之所以会诞生，只因为一些女生对我所说的这句话：“因为你，我也开始跑步了！”

起初我只是为了追求自己的目标、为了证明自己变坚强而跑，却没有想到这段小小的马拉松历程，竟然可以鼓舞到一些曾经像我一样、以为自己做不到的人。我要感谢妈妈、感谢天上的爸爸，是你们遗传了勇气给我。还要感谢赐给我钥匙、让我展开跑步旅程的高桥盾先生、Wei Kan、天上的弟弟谭大宝，以及在这条跑道上指引我方向的所有前辈们。最重要的是，我要感谢每一位曾经对我说过加油的人。

跑步改变了我，我还在跑着。我相信跑步可以为人心带来无穷的力量，也希望这本书能开启你的跑步生活。

PART 1

WHY MARATHON MY HEART AND

女性的自信与坚定——马拉松带给我心理层面的影响

WINS
SOUL?

生命中最巨大的正面能量

二〇一二年四月，天色未明；凯达格兰大道上，一万多名女生们神采奕奕地在鸣枪声后起跑。在这场女生路跑活动中，每位跑者都是在独自地跑着，但却拥有一样的目标、在朝着一样的方向前进；那是我亲身感受过最巨大的正面能量，而这正面能量竟然是由上万个“相信自己可以做到”的女生所产生的。

十月，我在旧金山女子马拉松的赛道上，看到一名年迈女跑者的背影；她在T恤写上“Survivor”字样与三个名字。我跑到她身后仔细看了文字内容才惊觉，她是一位母亲，而她是为了替自己罹患血癌的小孩加油而跑。

翌年三月，我在名古屋与数万名女生同时迈开42.195公里的旅程，我不发一语，只听见自己的呼吸声。过了地狱般的42公里，我看到身旁有个瘦弱的女生瘸着腿，应该是已经扭伤了？却依然不放弃地一步步在前进……我受到那位女生鼓舞，坚持了意志，却依然不敌剧烈的疼痛感。我落下眼泪，在心中默默地对逝去的弟弟说：“大宝，你姐姐是个很厉害、可以跑完42公里的人喔！”然后，我笑了出来，虽然眼泪并未止住，但我确实以这个意念撑了下来。最后的一百九十五公尺，我与其他女跑者手拉着手、边尖叫边冲进名古屋巨蛋，通过终点线那一刻，我的心中带着极巨大的喜悦。终于，我拿到了人生中第二条“自己用汗水与泪水”得来的Tiffany项链完跑礼。

在这个“女生路跑”、“女子马拉松”兴盛的当下，我们女生很难想象自己之所以能够自由自在地奔驰在跑道上，也是经过许多前人的努力。作为“世界六大马拉松”之一、具有一百一十六年悠久历史的波士顿马拉松（Boston Marathon）刚开始其实是不准女性参赛的。在运动员女权尚未得到重视的西元一九六六年，女跑者芭比·吉布（Bobbi Gibb）是第一位未报名、但完跑波士顿马拉松的女性；隔年女跑者凯萨琳·史薇哲（Katherine Switzer）隐匿性别报名参赛，成为波士顿马拉松第一位“领到号码牌的女性”。而当时编号二六一的史薇哲在赛道上被男性工作人员拉扯的照片，遭新闻媒体刊出之后也引起了社会一片哗然。直到一九七二年，大会才正式获准让女性参赛。而史薇哲在三年后顶着“纽约马拉松冠军光环”正式重回波士顿马拉松，并以两小时五十一分的优异成绩完成四十二公里得到第二名。

因为长跑让我重获新生

长跑是种简单而神奇的运动，在我开始跑步之前，我从来不知道跑步可以教会我这么多。我曾经意志不坚，也曾经没有自信；尤其在那罹患重度忧郁症的六年岁月里，我认为自己什么事都做不到。记得某天晚上，外宿在朋友家中的我，只因为“忘记带安眠药”而惊慌失措，我对自己说：“我完蛋了！我一定会睡不着，我完蛋了……”当时的我，居然连“放轻松”的自信都没有，更何况是遭逢别的意外。

我从高中辍学、因饮食失调而唾弃自己、质疑自己存在于这个世界的价值……甚至在情伤后，认为自己外貌丑陋而足不出户。我常常因为一点点的打击就选择退缩，或是因为别人一句无心的玩笑话就落入负面情绪的深渊。我拒绝尝试新的事物、拒绝挑战，只因为我总是事先告诉自己：“我一定会失败。”但在数年之后，也就是第一次跑全程马拉松的那个早上；前一夜只睡了不到三小时的我，居然神采奕奕地对着每位朋友说：“今天是我的生日，是我重生的日子！”我自信而平静地微笑着，对即将迎来的难关充满期待。

跑步是突破人生挫折的方法

我很确定自己人格的改变是由于练跑的关系，我们在锻炼长跑的过程中，一定会遭遇到一种被人们称之为“撞墙期”的时期，好似有道无形的高墙就阻挡在跑者的面前，使我们的体力与心态都无法负荷，觉得自己好像再也跑不下去。而突破撞墙期的最好方法，却是“放轻松”。一九七二年奥运马拉松金牌得主法兰克·修特（Frank Shorter）曾说过这么一句话：“经验教导我，最重要的是继续向前，专心让自己放松快跑，一阵子之后痛苦会过去，那份流畅的感觉会回来。”他说的是突破撞墙期的方法，却同样也是面对人生挫折的方法。

相较于男性，许多女生往往缺乏健康的纾压管道，一旦遭遇负面情绪袭来的时候，不是大吃大喝、抱头哭泣，就是非理性购物，甚至自怨自艾。我自己在过往也是这个样子，每次暴饮暴食或购物完，我反而会因为“后悔”而堕入另一个黑洞。但就在接触长跑之后，现在的我只要在工作上遇到了挫折、在感情上陷入胶着，我一定会去慢跑。说也奇怪，每次跑个三十分钟到一小时，回头再审视令自己感到烦恼的点，好像也变得没什么大不了的了。

长跑是充满哲理的运动，世界上少有运动能像长跑一样，有这么多名言流传于世。长跑也是最简单的运动，只要迈开大步就可以进行。我相信，长跑也是代表“坚强”的一种运动。在名古屋女子马拉松的赛道上，我看到路旁有男学生高举牌子在替跑者加油，上头写着“跑步的女生是最美的女生”，而我认为他所写的一点都没错。“相信自己能做到”是一股很重要的力量，有时候只是自己小小的改变，也能为其他人带来极大的正面影响。我曾询问过一些前辈跑者关于女性跑者在马拉松界（甚至是超级马拉松界）的表现，他们都说：“女性的意志力与忍耐度是高过男性的！”在一定的体力基础下，跑马拉松最重要的就是意志力。

“相信自己能做到”是一股很重要的力量，有时候只是自己小小的改变，也能为其他人带来极大的正面影响。

有时候，我真的会以身为女人为傲，我们可以感性地爱人，也可以理性地面对挑战。如果女生还能够自信而坚定地跑起来，将会是一片多美的风景。

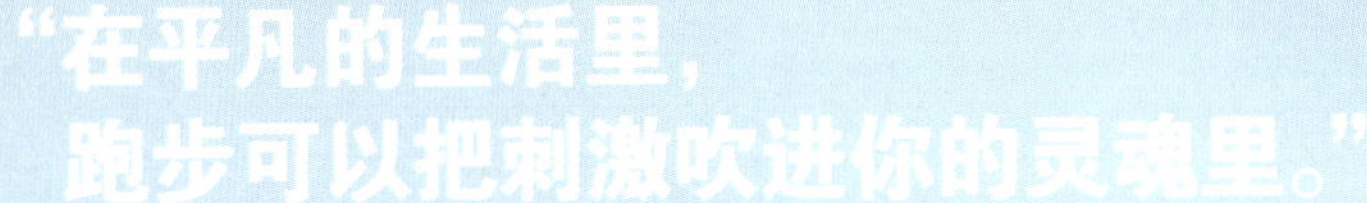

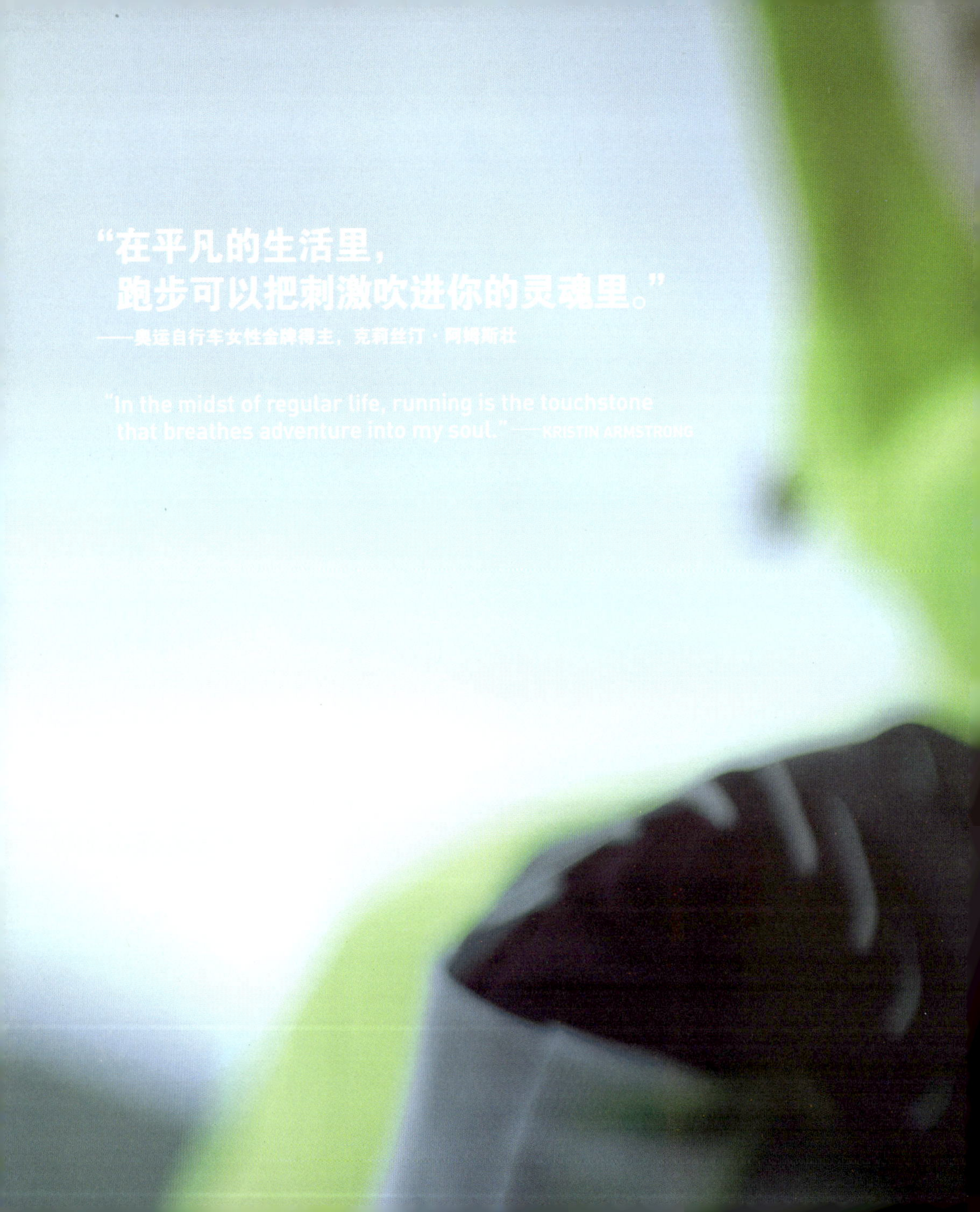
“在平凡的生活里，
跑步可以把刺激吹进你的灵魂里。”
——奥运自行车女性金牌得主，克莉丝汀·阿姆斯壮
“In the midst of regular life, running is the touchstone
that breathes adventure into my soul.”——KRISTIN ARMSTRONG

PART 2

MY RUNNING

我与我的人生马拉松

LIFE

2-1

THE STARTING LINE

起跑线

马拉松比赛时标志起点位置的线条，跨过这条线即正式计算赛事里程。

在医院度过的一岁生日

一九八三年九月七日，秋意初现的台北市早晨，我来到这个世界上了。我很想试图形容自己呱呱坠地时的情景、产房喧闹的氛围，甚至是母亲喜极而泣的神情……但问到妈妈，她说她也只记得自己当时很着急地在询问医生："小孩长得漂不漂亮？长得像谁？"

关于"视觉胎教"有此一说：孕妇要多看帅哥美女还有可爱婴儿的照片，小孩子就会长得好看。她的担忧来自于她的工作环境，怀孕时期她正在参与演出红遍大街小巷的《综艺一百》[1]短剧节目，每天接触到的都是些搞笑谐星，绝对不是什么帅哥美女，也难怪她会怕我长得太有喜感；毕竟是女儿嘛，还是漂漂亮亮的好。

拜长青节目《婆婆妈妈》[2]之赐，我的妈妈在当时算是台湾颇有名气的喜剧演员，但生为名人的小孩，在人生起跑线上似乎没办法享有特权。

以足月出生的婴儿来说，我的个头实在很小，体重不足两千公克，哭喊的声音也算不上响亮。医生说我皮肤很白、小脸、高鼻子，长得像妈妈，大致上一切健康；但不知是否因没有发育完全？还是在娘胎中踢动得太用力？我右脚的脚踝骨骼与关节间没有联结好；医生将我环抱起来时，脚丫子居然可以三百六十度随

---

① 一九七九年于华视开播至一九八四年的节目，主持人为张小燕，曾经为当时在台湾收视率最高的综艺节目。

② 八〇年代当红的儿童剧，由谭艾珍演出"妈妈"一角，"婆婆"则是一个布偶，由幕后操偶师操控演出。

认识三个月就闪电结婚的父母，一直都是对恩爱夫妻；爸爸也只有在家人面前才会流露出自己柔和的一面。

意晃荡。资深的骨科医师向妈妈建议替我打石膏，及早治疗才不致往后不良于行；而只打右腿石膏很奇怪，不如两腿都打！于是，我才刚出生，竟然就成为了一名打着石膏、两腿伸得直直地躺在保温箱的特别婴儿。

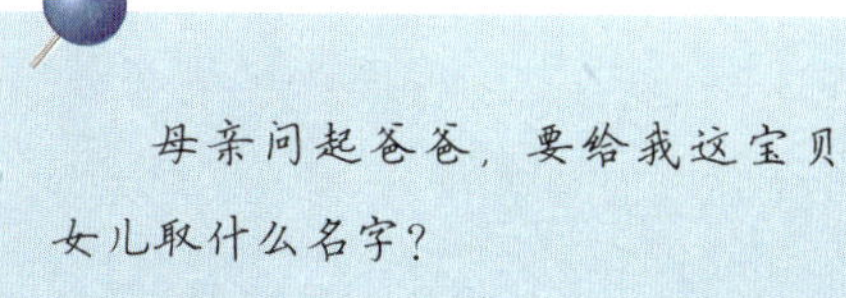

母亲问起爸爸，要给我这宝贝女儿取什么名字？

爸爸说："就叫'欧阳兰葩'吧！代表兰花中的奇葩！"

风趣的爸爸是为了逗笑医院诊间的年轻护士，却让妈妈气到涨红了脸。最后，我被命名为"欧阳嘉鸿"，没错，"嘉鸿"，这个很像某间港式烧腊店会使用来当店名、而且笔画超多的男性化名字，只因为来自香港的爸爸觉得用粤语发音念起来很顺口。于是，我当了整整十九年的欧阳嘉鸿，直到成年遭遇人生重大转折点才更名为现在的"欧阳靖"。

父亲是个很特别的人，他出生于书香世家，我祖父是大学英文教授，他的兄弟也个个都是学者、科学家；但爸爸却辍学跑去混流氓。他的生活习惯不好，抽烟、喝酒、嚼槟榔……说话还句句出口成"脏"，似乎没有带个"脏"字就不知道该如何造句接话。他对人很凶、脾气很大，却重情重义又爱家。他在过去服刑的岁月曾饱读诗书，写了一手好书法，普通话、粤语、闽南语都说得流利。而左手臂的"黑龙"图腾刺青，是我对他印象最深刻的地方。

妈妈说她当初就爱上爸爸的豪气、男人味，与幽默的言谈。

我小时候抱着《婆婆妈妈》的“婆婆”玩偶，身旁还有当时红极一时的“孙小毛”人偶。

小时候每年都会跟着爸爸到合欢山“约会”，我常说未来要嫁给爸爸。

“当时可是有华航机长在追我呢！”回忆起年轻岁月，她流露出骄傲自信的神情。但她终究选择了我爸爸，才认识三个月即不顾家人反对闪电结婚，连婚戒都没买。结婚三年后才生下我。对于我来到这个世界上，他们满是感动与期待。

黑衣人与父亲的病危通知单

我所出生时的一九八三年，台湾还处在戒严时期。政府为了扫荡帮派势力，时任台湾“内政部长”的吴伯雄依据《取缔流氓办法》于翌年宣布施行“一清专案”[①]。而在此之前，警察早已开始拿着名册秘密查访清单上的帮派人士，被抓到的黑道分子不须经过审讯即可直接被收押管训。有黑道高层背景的爸爸，必然也在“一清”名单之列。这有违宪法、罔顾人权的专案提出了四千名整肃对象，也替往后的台湾社会带来了重大不良影响，对组织具有约束力的黑道大哥纷纷入监服刑，帮派伦理大乱，流血斗殴、贩毒事件频传。

妈妈说，在我出生前几个月，爸爸莫名其妙地生了一场重病……他的左膝盖坏死，手术切除后病情也全然不见好转，医院甚至数度发出病危通知，让即将临盆的妈妈身心极度煎熬。

某一日，两名穿着整齐便服的陌生黑衣客来到爸爸的病房之前，小弟见状后立刻通知母亲。妈妈心里有数：这些黑衣客，是警方的人，他们是来探查是否有

---

① 一九八四年由台湾戒严时的警备总部主导，依据《台湾省戒严时期取缔流氓办法》执行的重大治安政策。由于遭到逮捕者无须经过法院审判，就可直接裁定管训，因此后来引起很大的违反宪法争议。

将我父亲带去服刑的必要。

“欧阳先生的身体情况如何？”黑衣人礼貌地询问面容憔悴的妈妈。母亲只是摇摇头，并拿出医生开立的病危通知单。爸爸当天还是处于重度昏迷的状态，也不知道过得过不了今晚。黑衣人看了看病危通知书，对母亲说：“嫂子请保重……”然后转身离去。

他们知道，并没有将一个不久于世的病人抓走的必要。也不知怎么的，当晚父亲奇迹似的苏醒了过来而且神清气爽，家人、医生都担忧着这是“回光返照”的征兆，而爸爸更是心里有数……他咒骂着老天爷，为何不让他多陪陪自己的家人、看看自己未出世的女儿？

“如果你多给我几年，我就退出江湖！我会为这个世界做很多事！”三更半夜，他以凄厉的语气独自在病房内怒喊着、颤抖着，这是他此生对命运做过的最严厉的控诉，他宁愿抛下所有权力、抛下一切荣华富贵，也想多换得几年与家人相聚的时光……隔日，父亲竟然奇迹似的痊愈！他的病因与好转的确切因素，至今依然不明。

因为这场重病，爸爸侥幸逃过被遣送到外岛的牢狱之灾；因为坚强的求生意志，他活着目睹我来到这个世界。被切除左腿膝盖的爸爸虽然往后都须拄着拐杖，但老天爷终究让他多陪伴了我十一个年头。父亲在这十一年的陪伴中，影响我好大好大。

妈妈苦笑说：“你爸爸是左膝盖拿掉，你一出生就右脚踝关节断掉；你们父女俩到底是什么命运啊？”

我们一家人留在医院复健，待到了我一岁才出院。虽然我出生的前后并未给这个家庭带来平静，但我却能幸运地沉浸在父母满满的爱里。

与流浪动物们共同成长的清贫童年

自有记忆以来，我的家中就已经有不少动物了，有体重比两个成年人还重的巨大圣伯纳犬，也有聪明而极具灵性的拉萨狗。爱动物的爸爸三天两头总会带着新成员回家，刚开始只是小狗，后来连老鹰、猫头鹰他都能带回来！如果要真正列举出我家饲养过什么动物，应该就是狗、猫、鹅、文鸟、九官鸟、老鹰、猫头鹰、海龟、海鳗、天竺鼠、松鼠、飞鼠（鼯鼠）、山猪、熊、猴子、树蛙、蛇……几乎是当时所能想象得到的台湾野生动物，我家都养过。当然，这一切都是在台湾《野生动物保护法》（下简称《动保法》）成立通过之前，万般不得已才被我们收容下来的可怜动物。

二十几年前的台湾，无论在夜市、街头都能见到兜售野生动物的小贩；这些野生动物被猎人从原本栖息的地方捕捉而来，若它没死于外伤、舟车劳顿、传染病，只要尚存一息就会被公开贩卖。大多顾客买下它们的目的，是为了拥有值得向人们炫耀的珍奇宠物，但有些顾客买来却是为了食用或是觊觎它们的皮草……

我们曾在路经山产店时，见到一只小熊被关在极狭小的铁笼内，一问之下，才知道他们打算将这只小熊的熊掌砍断拿来烹煮，顺便抽取熊胆高价贩售。经过父亲的斡旋，我们买下这只小熊，并把它转交给台北市木栅动物园的专业人士饲养。虽然我们救了一只小熊的命，但在当时，产业道路上一整排标榜着“山珍（野生动物）”、“香肉（狗肉）”的小吃店招牌还是令人感到触目惊心。

> “不能做的事情就是不能做，我才不会因为怕死就跟他们妥协！”
> 妈妈散发出坚韧而不服输的气势。

记忆中，妈妈总三天两头跑

这只名为“悟空”的小猴子，曾是身为独生女的我唯一的玩伴。

这只体重比两个成年人还重的巨型圣伯纳犬，是我小时候的贴身保标。

小时候家中饲养的蛇。或许是因为与许多动物一同成长的关系，我几乎没有什么害怕的东西。

我与家中的猫头鹰（现在在台湾饲养台湾角鸮是违法的）。

到议会、跑到市政府抗争，有时候还会有在野党议员来到家中，向父母请益第一线动保人士所遭遇的困境；后来我才知道，父母是在为推行《动保法》而努力着。

“那时候有卖狗肉的黑道威胁我不能鼓吹通过《动保法》，说会让我死得很难看，但不能做的事情就是不能做，我才不会因为怕死就跟他们妥协！”妈妈对我叙述起当时的辛苦过程，依然散发出坚韧而不服输的气势。

流浪狗和受排挤霸凌的小学三年级

在我出生后，爸爸一如诺言退出江湖，他改做起餐饮小生意，过着简朴的生活。

爸爸是个外表非常“凶恶”的壮汉，即使瘸了一条腿，只要狠狠瞪人一眼，几乎没有人不会被吓到魂飞魄散。但奇怪的是，他非常喜欢小动物，尤其是狗。他说：“人不会讲义气，但狗永远不会背叛你。”他在路边见到可怜的流浪狗，总是无法放下心；也因此，他开始不断地捡流浪狗回家饲养。

幼稚园时期，我们住在光复南路上的松山烟厂宿舍（现在的台北市松烟文化园区），当时家中就养了不少狗。有一天晚上，我们全家到外头吃晚餐，回家后却眼见惨绝人寰的景象……有六只大狗口吐白沫，惨死在院子之中。事后父母经过调查，知道是邻居从围墙外丢入混了老鼠药的食物、蓄意将狗毒死。得知这个结果的父母却没有愤怒，也没有打算揪出可恶的凶手，他们只是悲伤地说：“是我们害死了它们，我们不应该在都市社区中养这么多狗……虽然我们很爱狗，但不能强求邻居也接受它们。狗总会叫、总会吵闹，有很多人是受不了的……都是我们的错……”

没多久后，由于配合松山烟厂的都市更新计划（现将改建为台北大巨蛋），我们随即搬迁到台北县（现在的新北市）深坑乡，租下一块有较大院子的空地，又

担任中医师的爸爸晚年身体状况并不好，但他依然投注所有心力在照顾流浪狗猫之上，也会到乡间替穷人义诊。

收养了更多流浪狗。

当时台湾社会有个很糟糕的流行现象，就是一旦电影、明星带起某种犬种的风潮，繁殖场就会大量繁殖、民众大量购买，等到新鲜感没了，街头就开始陆续出现各式名种犬的流浪狗。圣伯纳、可卡、拉布拉多……曾经身价上万元的纯种犬，纷纷被主人抛弃而沦落街头，染上皮肤病、心丝虫，骨瘦如柴。心软的父亲不断将它们带回家，而亲身照顾的重责大任，却全部交由妈妈来负责。妈妈因为不忍心伤害生命决定改吃素食，我们家人也是全力支持。

十只、二十只、三十只、四十只……六十只……家中的流浪狗越来越多，妈妈终将无法分身拍戏赚钱养家。记忆中爸爸的身体状况一直都很不好，他先后罹患糖尿病、肾脏病，都是医药开销很大的慢性疾病；犬只的饲料费、医疗支出也相当惊人。恶性循环之下，我们只能靠不断地借贷以维持生活。最后，我们搬到石碇乡的茶园地，自己盖了间铁皮屋养狗；那儿空间虽大但没水没电，每天也只有一班公车会经过。我们家没有电视可以看。当肚子饿了，妈妈会到院子摘自己种的蔬菜来吃，有时候多少也得靠邻居接济。

某次强烈台风来袭时，爸爸留在台北市工作回不了家，只剩我跟妈妈两个人留守家园。深夜狂风吹拂，铁皮屋的屋顶就像随时要被掀起来一样上下震荡……妈妈大喊："要是铁皮屋顶飞起来就糟了！飞出去会伤害到无辜的人啊！"

她指示我安抚家中的大狗，而她却爬上梯子，徒手拉住连接屋顶的铁绳……她的双手被剐到满是鲜血，赭红色的血液就顺着她的双臂缓缓流下，但她依然没放掉手中的铁绳……那一夜是我永远都忘不了的景象。

我就读于当地的某所公立小学，那是间全校师生只有一百多人的迷你小学校。我每日都得独自步行一小时的路程上下学，不过有时候会有只小白狗陪着我。或许是身为名人小孩的必然原罪？学校老师总会特别关照我，但也因此让我受到同班同学极大的排挤，甚至是霸凌。小学三年级时，我曾短暂罹患恐慌症，每天都会不由自主地不断哭泣……但眼见父母忙于照顾大量流浪狗、无论是身体或精神状态都紧绷到了极点，我根本没有办法对他们说出自己在学校被欺负的事情。我默默把这些委屈吞进肚子里，一直忍着、憋着，在心中造成了一个好大好大的阴影。

无比艰辛的人生起跑线

由于长期的借贷度日，小学五年级时，我们家欠下高达数百万元的债务，这在当时是个很难偿还的数字。虽然对小孩子而言依然搞不太清楚什么"法院拍卖"的法律程序，但亲眼见到自己的家门被贴上封条时，我依然产生了巨大的恐惧与怨念。

"为什么我的父母是在做好事，却要落得这种下场？这个世界上有很多坏人，他们会抛弃生命、会不负责任……我的父母是好人，但好人应该有好报啊，为什么会搞到穷愁潦倒？"我小小的心中，一颗负面思想的种子开始萌芽。

爸爸的健康状况每况愈下，但他在喂养流浪狗之际依然去上课苦读并考取了中医师执照；他在乡间替没钱上医院看病的老人、穷人义诊。他总说自己这条命是跟老天爷换来的，他要在有生之年努力帮助别人。

一个冬日却晴朗的午后，爸爸在房间睡午觉。他将我唤进房间替他抓抓背后满足地说道："今天睡得真舒服，我要再多睡一会儿！"

我到客厅写学校作业；留下了几道数学习题，打算等晚饭时间再顺便请教爸爸。然后到了傍晚，煮好晚餐的妈妈走进爸爸房间后却惊叫一声……我随即跟过去，只见爸爸面容安详地躺在床上，双眼微合；在那刻，我确定他已经离开这个世界了。

在我来到人世前，爸爸差点因病去世，而不知是否为冥冥之中自有安排？爸爸多活下来的这些年，拯救了无数生命。我认为他之所以会收容这么多流浪狗，甚至让自己与家人陷入穷困之中，是凭着一股强大而单纯的爱与执着。他改变了妈妈、改变了我、改变了好多人一生的思想。

爸爸走后，我拿着数学作业站在他的身边，哭了整整一个小时；这冷静反应对于一名十一岁的孩子而言似乎有些反常？但我相信，爸爸是寿终正寝而值得庆幸的。他虽然没有享受到实质上的荣华富贵，但他实践了一个人之所以生而为人的美德——帮助其他的人。直到现在，我依然认为自己之所以可以突破生命中的重重难关，就是因为受到父母身教的影响，他们让我见识到勇气的真谛。

我的人生起跑线并不平顺，但似乎就在预告着我未来将要完成的，是一场无比艰辛的马拉松大赛。

我的人生起跑线并不平顺，但似乎就在预告着我未来将要完成的，是一场无比艰辛的马拉松大赛。

“奇迹不在于我跑完了。
奇迹在于我有勇气起跑！”——跑者、作家，约翰·宾汉
“The miracle isn't that I finished.
The miracle is that I had the courage to start.”——JOHN BINGHAM

2-2

HITTING THE WALL

撞墙期

异常长时间持续的运动，由于能源的消耗殆尽，运动者产生相当难受的生理与心理痛苦现象。

爱吃东西不爱运动的抑郁六年岁月

我从小就很爱吃东西，算是个天生的美食主义者，当同年龄的小朋友都在疯麦当劳的时候，我却嫌弃它干瘪的滋味与福乐汉堡排相差太远；就算快乐儿童餐附上再多玩具也无法贿赂我挑剔的味蕾。为了饲养流浪狗而住在乡下的那段时间，我着迷于台湾美食卤肉饭的滋味，当时一碗白饭只要五块钱，但浇淋上晶亮的猪油酱汁后……每餐要我吃上两大碗都不成问题！

个性内向的我爱吃不爱动；我宁愿在下课时间阅读课外读物、画画漫画，也不愿意到操场跟同学一起玩鬼捉人游戏。由于出生时的脚踝缺陷，父母也不鼓励我从事激烈运动。我一如预想中的越来越胖，当小学三年级时已经是全班体重最重的女生了，这个纪录一直保持到中学三年级，我当时的身高是一百五十三公分，体重却有七十二公斤。同学们替我起了个绰号叫“欧罗肥”，意指喂猪吃的增胖药品，也刚好和我的姓氏“欧阳”谐音。

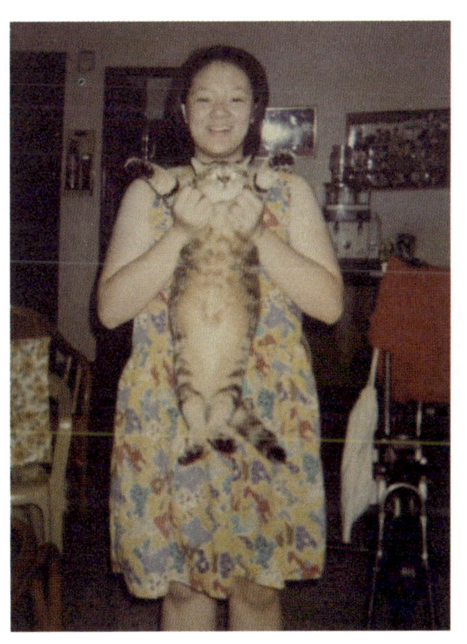

爱吃美食的我从小学三年级就开始发胖，体重一直持续上升到中学三年级；当时家中还有只很胖的猫咪与我作伴。

“欧阳嘉鸿是‘卡门’！门都会被她

卡住！”

“不是啦，她是‘阻街女郎’，胖到整条街被她挡住了！”

十六岁之前，无论同学再怎么拿身材议题嘲笑我，我也不以为意，自己唯一感受到肥胖带来的困扰只有在体育课的时候。我的反应慢，打篮球投不进球、踢足球踢不到球，体积大更是让我成为被躲避球攻击的头号目标。“运动”总带给我很大的自卑感，我会因此而跷课，却会被体育老师要求跑操场作为处罚。

“跑步 = 处罚”，对当时的我来说是绝对的道理，我痛恨跑步到了极点。

十六岁之后，正在准备高中联考的我似乎感受到青春期荷尔蒙的变化，我开始想要穿漂亮的衣服、想要谈恋爱。我趁着在补习班读书的时候进行断食减肥法，每天只喝果汁与优酪乳、完全不吃固体食物，暑假两个月过去，我居然瘦了二十公斤！

意料之外的是，瘦下来的这二十公斤彻底搞坏了我的身体。我的生理期停止、淋巴腺四周出现干癣与异位性皮肤炎、便秘、贫血、失眠、自律神经失调……逐渐地，我连情绪都受到了影响，再也无法享受到美食带来的满足与快乐。最后，我得了厌食症，高中一度爆瘦到四十三公斤（身高一百六十三公分），连走在路上都会有随时晕倒的风险。

不要从外表去判断一个人的品德

我认为吃东西是罪恶的、让自己快乐是罪恶的，我讨厌这个社会、讨厌这个世界。高中填写的“人格测验量表”证实了我心态上的偏差思想，当时学校老师

十六岁开始，我发觉自己胖得并不快乐，拍照时脸上少有笑容。

对于抱有“极度反社会倾向”的我感到十分头疼。我也对于总是负面思考的自己感到厌恶、感到自卑、感到无助……

父亲与女儿永远是前世的情人，情绪低落时我总想起爸爸，但最爱的爸爸却早已离开人世。为了表达对他的思念，我决定去文身；就像记忆中他左手臂上的那条黑龙刺青。许多人对于文身抱有负面观感，如此的形象也容易与黑道、帮派分子联结在一起；但是由于爸爸的缘故，我从小就对“刺青”这件事持正面态度。事实上在爸爸过世之后我便立刻兴起了文身的念头，但当时我才小学五年级。就算我自己能厘清“不要从外表去判断一个人的品德”这道理，但社会舆论似乎不是这么想的。受镁光灯瞩目本来就是艺人子女的原罪，在我刺青之后，媒体纷纷将我冠上“叛逆”、“坏小孩”等罪名，甚至影射我加入黑道帮派、吸毒、未婚堕胎。

当时在“奇摩家族”网络社群正热门的时代，有一个家族名称为“为什么讨厌欧阳”，成员有八百多人，里头的讨论话题令人不堪入目。我永远记得有位网友写了一句话：“你看谭艾珍做了那么多好事，还不是生出这种小孩？”我看了觉得好痛好痛……

因为罹患厌食症，我最瘦时体重是四十三公斤，当时完全抗拒饮食，甚至认为让自己吃饱是种罪恶的事。

因为我对这个社会的不理解，让妈妈无端遭受池鱼之殃……但我也怨恨自己的出生，只因为比较后产生的相对剥夺感。为什么我就必须是名人的小孩？为什么其他艺人的小孩可以在国外成长，我却因为家里太穷，只能选择在媒体的放大镜检视之下度日？既然父母想要饲养这么多流浪狗搞到家破人亡，他们当初为什么要把我生下来？我存在这个世界上到底能做些什么？除了妈妈之外，这世界上没有人喜欢我、没有人在乎我……大家都在等着看笑话，都在等着看我堕落……

我痛恨这个世界、痛恨自己的人生……终于，我察觉自己罹患了重度忧郁症，就算遍寻名医，也只能依靠镇静药物来控制躁郁、厌食、暴食等生理失衡症状，甚至是“不如归去”的黑暗想法。我看不到明天、看不见未来，内心充斥巨大的愤怒。

生存在最大的混沌之中，
我的命脉就是猥亵。
谁是最具猥亵性的制裁者？

世纪终焉，
我们即将写下另一篇圣经；
而我所认为的最高罪恶，
就是一无所有。

——写于一九九九年

我在忧郁症时期曾写下不少字句，而文字创作是我唯一的救赎。整整六年，我都在奋斗着，我希望自己可以痊愈，却始终抓不着施力点。十几年前，大家对

在重度忧郁症时期，
我拍了很多触目惊心的照片。

“忧郁症”尚有许多误解，当我选择向大众公开自己的病情后，却只得到三个字的评论——“草莓族”[①]；因忧郁症而辍学离开高中校园的我，成为了千禧年初的草莓族代表人物，也就是最不值得被学习的年轻人范例。大家认为我吃得饱、穿得暖，凭什么郁郁寡欢？他们所不知的是，其实每一位忧郁症患者心中，都有一个好大好大的黑洞，与不被人理解的自卑与失落。

妈妈曾经试探性地询问她的朋友：“我女儿得了忧郁症，该怎么办？”

没想到朋友却回应她：“你女儿以后还要嫁人！不要说出去！”

最终，妈妈选择独自与我一同奋战，这六年间我们培养出无与伦比的革命情感，也因为她对我的爱与永不放弃，让我决定积极寻找活下去的意义。

---

① “草莓族”一词意指抗压性很低的年轻人；就如同草莓一样长得漂亮，但轻轻一挤压就会烂掉。

你们不可以就这样死掉！

我在十九岁时从“欧阳嘉鸿”更名为“欧阳靖”，因为“靖”这个字所代表的意义是“安定、平定”，我希望自己的心念能平定下来。

二〇〇四年，发生了两件令我感到五雷轰顶的重大事件：我的两个朋友在十天之内分别自杀身亡……

她们都是忧郁症患者、都在服药、都有情殇；但她们也都是很有能力的人，一个美丽漂亮、一个极有才华。倘若她们活了下来，将来一定能为这个世界带来很多很多美好的事物，但我只见她们的父母哭到肝肠寸断……这六年来，我一直压抑着自己的情绪、一直往负面思想的死胡同钻，但现在我就像宣泄似的号啕哭喊：“你们为什么要这样？你们不可以就这样死掉！”

当下，我立誓要走出忧郁，我的心中从来没有产生过如此巨大的意志力。人生已经没有退路了，如果不好起来就是死路一条，我不能像她们一样让妈妈伤心，不能让那些评论过我、伤害过我的人们称心如意。我要活下去，我要重新展开自己的人生；我也要延续她们的慧命，替朋友们好好活下去！

“我要活下去！”我激动地告诉母亲。

她欣慰地点点头，对我说：“我们一起来努力！”

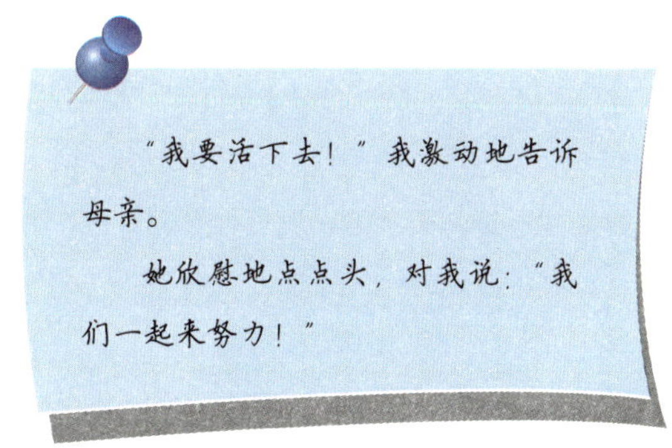

虽然这求生意志带有些许怨恨与不甘心，但我确实凭着

这股力量戒断了镇定药物；就算断药过程中身体产生了极大的痛苦（戒断症状），却因为没有退路所以只能前进。

两年之后，我重新夺回意识的自主权，再次站上人生的起跑点。但我所不知道的是：这段战胜忧郁症的经历，居然会成为我未来完成全程马拉松的契机……即使我当时连一公里都跑不了。

马拉松?

回到真实世界后，考验才正要开始。

我学历不高，但出社会出得早，也算做过不少工作。我的第一份职业是美式餐厅服务生，后来转到夜店做领台人员，也兼职平面模特儿，再后来则因为对摄影产生兴趣，做了两年的相片冲印师。在忧郁症痊愈之后，我曾试图跨足自小就因耳濡目染而熟悉的演艺圈。某次上通告节目时，却被名嘴当场评论："这些'艺二代'就是因为没有其他的专长才会选择进演艺圈。"

难道只因为荒废六年，我就再也找不到自己的人生舞台了吗？我突然想起自己喜欢文字创作，因此花了短短四个月完成一本超过十一万字的长篇小说《吃人的街》，主题是科幻、存在主义，算是一部相当自溺的纯文学作品。这本小说的销售量并不好，举办第一场签书会时只来了六名读者；但我依然对于有能力完成长篇小说的自己感到骄傲。

"我想成为一名文字工作者！"我立定了自己长久的目标。

那一头钻入文字创作的四个多月中，由于饮食作息都相当不正常，我足足胖了七公斤……体重来到将近六十公斤。为了减肥、又不需忌口太多，我决定每天晚上都去快走个一两公里以消耗热量。毕竟忧郁症痊愈后，我难得重新找回对美食的热爱，我再也不想为了体重而放弃人生中最快乐的享受。

刚开始，我走不到一圈就满头大汗，后来可以走个两圈、三圈……再后来，我可以提起脚步，慢慢地跑个半圈。跑一圈恰巧是一点四公里，很容易计算。园区内附有两间公共厕所，还算是灯火通明；跑者汗湿了，便能就地在公厕梳洗。

二〇一〇年，我开始重回旧业、零散地接下一些平面模特儿工作，或许是由于身上的刺青较不同于大多数模特儿的暗黑风格？我常常接到国外设计师品牌的案子，其中包括我相当崇拜的日本服装设计师——高桥盾[①]先生。某次在香港的公开活动上认识了高桥先生，他问我说："你有在跑步吗？"

我直觉性地回答："有的！"

他又问我："你有在跑马拉松吗？"

马拉松？什么是马拉松？……对了，就是跑很长很长的距离！我发愣了一下，然后摇摇头。

"那你一定要尝试看看！"

---

① 日本时装品牌 UNDERCOVER 的设计师，也是一名马拉松跑者。

前一年在檀香山以漂亮成绩完成初全马的高桥盾先生，一提到“马拉松”就神采飞扬，与其友人的言谈内容，也全都是该怎么练跑、哪里可以练跑等关于马拉松的话题。而他全身满是刺青、穿洞，散发出一股具文艺气息的潮流感，这个如摇滚乐手一般的外在形象无论是与哪种运动都不太相衬。但令人感到意外的是，他完全投入于长跑的乐趣之中；这份冲突感带给我很大的震撼。

我回到台湾，开始上网搜寻关于马拉松的资讯，才知道原来全程马拉松是42.195公里、喜欢跑马拉松的名人包括知名作家村上春树①。虽然我因此产生了一些兴趣，包括想理解长跑跑者所追寻的“脑内啡”到底是什么。但四十二公里对我来说实在是太过遥远的距离。

持续跑了近三十年全马的村上春树说：“我写小说的方法，很多是从每天早晨在路上跑步中学来的。”

长跑能带给创作者什么样的力量？而全世界又为什么有这么多人着迷于长跑？包括我所景仰的高桥盾先生居然也是名马拉松跑者……马拉松到底是个什么样的东西？我似乎感到更加好奇了。

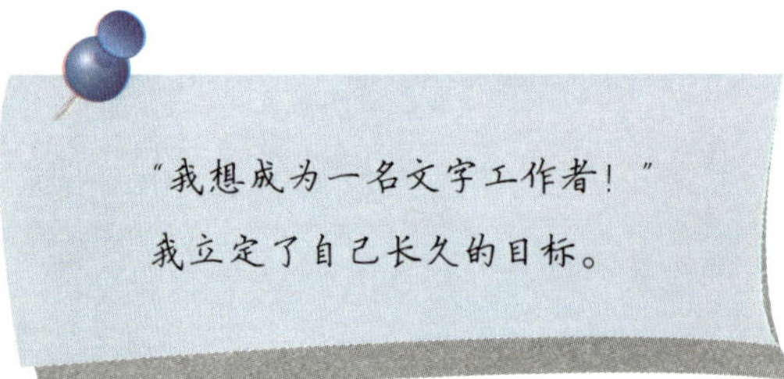

① 日本当今文坛最具影响力的小说家，曾被数度提名诺贝尔文学奖。村上春树有三十年以上的全程马拉松经历，也跑过超级马拉松。

谭大宝

如果我记得没错的话，当小时候家中同时有近百只流浪狗时，我们依然能辨识哪只狗是哪只狗、叫作什么名字，外观没什么特色的小白狗就叫“小白”，另一只叫“小小白”，后来又捡到长得相像的白狗，就取名“小小小白”；会陪我走路上下学的就是“小小小白”。饲养大量动物虽艰辛，但事实上趣事也不少，至今我依然认为在经济状况允许之下，每个家庭都应该要有毛孩子成员。宠物能带给主人的不仅是陪伴，有时候，它甚至是改变你人生的关键点。

一九九八年的冬天，我正就读于中学三年级；妈妈将一只黑白花色的幼猫带回家中，她说这只小猫是在内湖附近捡到的，身体状况极差，现在只能靠打营养针每天加护照料，试试看能否脱离险境平安长大。

“前几天寒流来，我就看它一只小猫孤零零坐在路边，结果我把它拎起来时发现它居然全身僵硬、动也不动……医生说它差点失温而死了……”

妈妈说要尽人事听天命，如果这只小猫能存活下来，我们就当作中途之家，把它转送给善心人士收养。当时家中已经有两只猫咪，我又将准备高中联考，多照顾一只猫其实会增加一些时间支出；而与我们同住的外婆也很在意清洁问题，于是妈妈并不打算把这只黑白小公猫留下来饲养。

经过一个多月的细心照料，小猫咪的身体状况逐渐好转，它从一只食不下咽、每天都拉肚子的小病猫，成为能在家具间跳上跳下的活泼男孩。但令人感到不解的是，这只小猫似乎不太给救命恩人面子，它每每只要看到我妈妈靠近就会吓得

无论何时替谭大宝拍照，它总会看着镜头，表现出一副男子汉般的气势，事实上却相当胆小。

龇牙咧嘴，然后表现出一副威吓的模样；就算面对外婆，它也是同样的反应。我们都以为这只小猫不亲人，应该很难送养，直到某日我与它独处时才发现事情并不是这样。那个下午只有我跟它待在家中，当时我只是试探性地蹲在地上对它喊着“小猫咪～～”，没想到它居然做出令我超乎意料的反应：它一边喵喵叫、一边跑过来跳进我怀里！这可爱的行径简直让我的心都快融化了。

在我出生之前家中就已经有动物存在了，动物对我而言与其说是“宠物”，倒不如说是“家人”，它们就像是我的兄弟姊妹。也因此，我从来没有对父母做出过“想要饲养某一只动物”的要求，但现在，我真的舍不得妈妈把这只小猫咪送给别人。“我可不可以把它养下来？”在妈妈回到家之后，我决定直接问问看！

“可以是可以啊……但为什么呢？”

“因为……因为它的黑白花纹长得好像杀人鲸喔！我最喜欢杀人鲸了！”

虽然我说了一个超瞎的理由，但也让妈妈决定将它留在家中。外婆替它取名“大宝”，意指它个子大胆子小（这是以前眷村常见的绰号）；在我们家还有个不成文的规定：公的宠物要姓谭，于是“谭大宝”正式成为了我们家的一分子。刚开始，我还以为它对我来说的意义只在于“我真正的第一只宠物”，没想到后来它却是个如同我亲生弟弟一般的存在。

它的体内有颗好大好大的肿瘤

我之所以会跟大宝这么亲密，应该是由于一九九九年到二〇〇五年那段六年的忧郁症岁月；就算妈妈忙于工作无暇陪我聊天，我只要心情不好、感到失落、感到挫折，我就会抱起谭大宝。抱着它时那种柔软而温暖的感觉，总带给我无以伦比的抚慰。

就如外婆一开始给它命名为“大宝”的原因一样，它真的个子很大、胆子却很小，它怕陌生人、怕高、怕逗猫棒，不敢爬上阳台，也不敢踏出家门半步。夏天是它最恐惧的一段时间，每当遇到有午后雷阵雨的日子，它总会把头抬得高高，在家中离户外雷击声最远的一角“面壁”不动。它还曾经只因为瓦斯搬运工来到家中就吓到屁滚尿流……最后选择把头埋进空纸箱，只露出一个大屁股。

谭大宝最重的时候是九公斤，但是却算不上很胖，它也是我所见过体型最大的黑白花色混种猫。由于它的外型带有浓浓“中年阿伯”般的喜感，我决定替它成立脸书专页，每天上传它的有趣照片，短短数个月内粉丝数就达三千人之多。

> 刚开始，我还以为它对我来说的意义只在于“我真正的第一只宠物”，没想到后来它却是个如同我亲生弟弟一般的存在。

如同它为网友带来的欢乐，大宝为我带来的疗愈力是无法取代的，无论是在化解忧郁症时期的负面情绪，抑或是病愈之后重回职场的压力；我在精神层面一直相当依赖大宝，甚至到了对它放不下心的地步。在我二〇〇九年开始进行文字工作之前，曾一度想离开台湾，到日本打工游学，但却因为舍不得长时间离开大宝而作罢。表面上是我担心它，事实上，我是在依靠着它；我无法想象没有大宝的世界是什么样子，如果大宝不在了，当我伤心难过时该怎么办?

事实是：毛孩子必然会比我们提早离开世界，这一天总会到来。二〇一一年十月份的深夜，大宝突然趴在地上喘得上气不接下气、看起来相当痛苦……即使我跟妈妈立刻将它送往兽医院急救打针、放进氧气箱中，情况依然没有好转。当大宝的X光片冲洗出来后，我们吓了好大一跳……它的体内有颗好大好大的肿瘤，肿瘤压迫肺部，已经到了无法救治的状态……在过去十三年间，我们一直以为它作呕的姿态只是一般猫咪吐毛球的常态，没想到那却是因为肿瘤逐渐长大、压迫内脏，它自己去调整身体不适感的行为。没错，这是癌症，没想到大宝居然得了癌症……

过几天后，我即将启程前往日本东京，完成一件我梦寐以求的模特儿工作……大宝的窘迫病情，一下子将我从天堂般的幸福感拉回现实。

在兽医院的这几天，我一直见到它因为呼吸困难而惊慌失措的神情……它不吃不喝，眼神中充满惶恐……由于不忍大宝继续痛苦下去，我们决定在它的肿瘤完全侵占肺功能之前替它进行安乐死……这个重大决定让我重新思考起生命的意义。我身旁的人曾因抑郁而求死，但我为了保有生命的尊严，决定以平静的方式送走自己最爱的弟弟。生命的开端与结束真的好复杂……当一想到自己以后永远无法抱着大宝撒娇时，我心中满是不舍与思念……

在大宝生命的最后一刻，我紧紧抱着它，一直不断对它说："谢谢……谢谢……姐姐好爱好爱你……谢谢你陪我走过这十三年……"

我们将它火化，骨灰撒进替爸爸海葬时的同一块海域；未来当我离开后，也

这是大宝最后一张照片，十三岁的它当时正在我房间睡觉，看起来并无异状……没想到过几天之后，它就离开这个世界了。

要永眠在那个地方。就如同对爸爸的感觉一般，我对大宝的生命怀抱满满感谢之情……我知道自己接下来将必须变坚强……

翌日，我独自前往东京工作；而在东京街头为了宣泄思念情绪而奔跑的那一夜，再度改变了我的一生。

奔跑在东京街头的那一夜

二〇一一年十月三十一日，东京南青山三丁目、梅窓院附近。

这个深夜，我独自跑着。当晚气温五摄氏度，飘着小雨，我将步速保持在不会气喘吁吁的状态，大约每公里七分钟左右。当雨水滴落到额头、脸颊等外露表皮时依稀会感到有些刺痛，但冷冽对我来说终究是现实而正面的感触，至少能让我暂时抽离迷茫与心痛间的挣扎。

东日本大地震后核电厂纷纷关闭，为了节省能源消耗，关东地区正在进行无限期“节电”措施；深夜路灯歇息着，高级商业区也没几家便利商店营业着。夜跑路程中最亮的一隅，居然是展示着一台“万圣节南瓜色涂装 Tesla Roadster 跑车”的橱窗，虽然搭上了环保议题，但依旧稍嫌嚣张狂放。南青山是东京数一数二的高级商业区，走在街头的人群无一不散发着自信与惬意的氛围，过去来到这个地方，总会因自惭形秽而感到畏缩卑怯；但现在向四周张望，随处张贴的“原发撤退（反对核电）”海报，似乎与街角高级意大利餐厅的清水模墙面显得格格不入。由于一场巨变，我所熟悉的日本逐渐改变了自己的样貌；并非向下沉沦，而是因失去退路而被迫成长、被迫茁壮、被迫变坚强。

跑着跑着，我瞥见好几名身着专业装备的跑者从身边呼啸而过，这情景在台湾并不常见。或许，他们是在为了不久后的檀香山马拉松（Honolulu Marathon）做准备？又或许是为了数个月后的东京马拉松（Tokyo Marathon）？

这晚，我本来期许自己可以平静地大跑一场，但我依然战胜不了自己的脆弱，无论是就心灵还是体能层面去论述。

赴日前一天，我刚替陪伴了我十三个年头的猫咪大宝安乐死，这思念与不舍何能轻易洒脱？我无法轻易洒脱，于是带着满满情绪，杂乱无章地奔跑着，从每公里七分钟的步速增加到每公里六分钟而上气不接下气。我开始重新思考一个生命终结之际所能臆想的点滴："倘若我明日就会离开这个世界，能抱有什么期许？"

对一个曾经失去所有梦想的人来说，能思考这沉重议题是幸福的。冷冽的温度令我回想起自己最悲伤的日子，我曾经吞下多颗安眠药、躲在棉被中、放弃生存……一直到现在，我满怀感恩的心送走另一个生命，并以"奔跑"的姿态独自存在于异乡的夜。翌日，我必须担任国际知名设计师品牌的模特儿工作，那位设计师又是我长久以来的偶像，对我来说这简直如同美梦成真……但这一刻，我却不由自主地流下泪来……

突然之间，我看不清路标、看不清人行步道的碎石砖，"极快乐"与"极悲伤"两种情绪同时存在脑内震荡，包括不合时宜的孤独感。

过去一切就像跑马灯一般显示在我的眼前……拄着拐杖的爸爸（其实爸爸离

开我十八年了，他的长相在记忆中有点模糊)、曾因忧郁症而孱弱的自己、离开这个世界的朋友、太早出社会所经历的种种挫折、妈妈对我义无反顾的支持与鼓励、抱着谭大宝时那种温暖而柔软的感受……我逐渐从潸然泪下转为号啕大哭，即便路人如何以异样的眼光看待我，都依然无法将我从剧烈的情绪变化中抽离开来。我对于自己二十几年来的人生经历感到不可思议，一个人曾承受如此巨大的压力都能度过，而现在居然迈开大步在跑着，没错，“跑着”，我从来没想过自己会“跑着”……生命是如此的不可预测……

“大宝，姐姐想要完成一件事……那件事能证明我已经变得很坚强……无论未来再碰到什么难关，你在天上都不用担心，因为我一定能渡过！”

我想完成全程马拉松！没错，四十二公里的全程马拉松，我在心中呐喊着。即使在没多久之前，我连马拉松是什么都还搞不太清楚；但我感受到高桥盾先生对于马拉松的热爱，也对他的执着感到不可思议。

“跑步这么累，一定是神经病才会做的事。”我曾经对此不屑一顾，但现在，我相信全世界成千上万的马拉松跑者不是神经病，他们一定是因为某种理由才持续奔跑着……成就感？脑内啡？我完全不能理解，马拉松这种不求胜负、只求完成的运动到底迷人在哪儿？又或许，重点只是在那个追求未知的过程？

我想起一句曾在书中看到的名言，出于奥运金牌得主艾米尔·扎托贝克(Emil Zátopek)[1]之口，他说：“如果你想跑步，跑个一英里就好。如果你想体验不同的

① 第十四届伦敦奥运会的传奇运动员，也是唯一在单届奥运会上同时囊括五千公尺、一万公尺和马拉松冠军三枚金牌的运动员，有“现代长跑之父”称号。

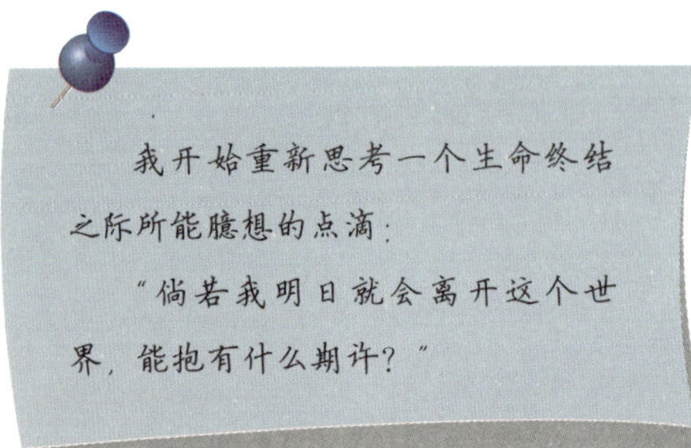

人生，那就跑场马拉松吧。”

从第一次在脑中植入“马拉松”三个字开始也才不过几个月，身边也没什么正在跑马拉松的朋友，我怎么可能理解马拉松将带给我的人生什么样的改变？但有件事实就摆在眼前：跑步曾经是我最痛恨最痛恨的事情，这一刻，没有体育老师逼迫我、没有输赢胜负压迫我，我却自信而自在地在东京街头慢跑着……这似乎象征着改变的开端？

就在立下决定后，我放慢了脚步，雨也停了下来。我伫立在已打烊的百货公司橱窗前，凝望玻璃倒影中的自己：紧身T恤、手机臂套、短裤、跑步专用加压紧身裤、一双亮粉红色的专业轻量跑鞋……是的，我看起来俨然就是一名真正的跑者。

四十二公里全程马拉松的目标？

夜跑结束，闲晃约莫半小时后，我顺道在南青山东急饭店附近的便利商店买了一瓶红葡萄酒。商店门口站了一位身穿长风衣、发型艳丽的女孩，她脸上的粉底厚到近乎崩裂边缘，还戴着假睫毛与角膜变色片。她的鬓角两际有几颗颜色不正常的暗沉痘痘，这憔悴更显示出一种掩盖不住的风尘味。她神情慌张地直盯着手机看，气色极糟。

我走近并轻声寻问她："没问题吗？"她先是吓了一跳，然后眼眶含泪地说了一大串我无法辨识的日文；接着，她打量了一下我的穿着，问道："你要跑马拉松吗？"

"是。"我说。

"加油。"她露出了笑容，默默转身走掉。

她是我所熟悉的一种典型日本女孩，或许仍在努力求生，但依然温柔有礼。

我回到饭店、洗了个热水澡、饮完一瓶红酒、看了一个访谈第二次世界大战罹难士兵家属的节目，约莫在深夜三点多入睡，睡前祝福着那位女孩能健康、平安，因为她是世界上第一个知道我决心要跑全马的人。

我的心情很平静，并不是说已经完全放下对谭大宝的思念，而是心中多出了一个极度踏实的目标等待我去实行。我翌日完成了重要的模特儿工作，也顺便向高桥盾先生请益了许多关于练习马拉松所须留意的细节。一个多月后，高桥盾先生就将二度参加檀香山全程马拉松，我问他："你会紧张吗？"

"不会，是非常期待。"他坚定地回答了我。

当时，我完全不能理解他的"期待"之处，但对于"没有人能具体说出马拉松的魅力"这件事，我感到相当好奇。

事实上，十月三十一日的这个夜晚，我在东京街头只跑了短短两公里；缺乏运动经验的我也完全无法估算：自己到底要花多久时间练习才得以完成"四十二公里全程马拉松"的目标？或许要花上两年？五年？十年？无论如何，时间都不是问题；我在出生时脚踝是断掉的，而我的父亲是个残障人士，我不知道为什么上天会赋予我“奔跑”的资格？但未来的日子，我将会为了追寻那个从未见过的世界而跑着。

命运是不可思议的，有时候，你只需要一个意念上的转机就能突破撞墙期。

前一夜边哭泣边奔跑，也制定了自己未来要完成全程马拉松的目标；但隔日早晨拍摄的工作照依然双眼浮肿。

“如果你想跑步，跑个一英里就好。
如果你想体验不同的人生，
那就跑场马拉松吧。”——现代长跑之父，艾米尔·扎托贝克

“If you want to run, run a mile. If you want to experience a different life, run a marathon.”——EMIL ZÁTOPEK

FLYKNIT
IS FOR
WINNERS

2-3

SECOND WIND

再生期

长跑过程中，
由运动初期所产生的
疲劳疼痛现象，
经持续运动后突破撞墙期，
突然转变为舒畅的感觉。

第一次女子路跑赛的十公里征途

历经了改变我人生目标的东京之夜，我的心中满是冲动，我只想以最短的时间达成对大宝的诺言，也同时以一个实际的成就向自己证明："我很坚强，我不用担忧人生路接下来将会遇到的所有挑战。"

从日本回到台湾后，我随即开始疯狂练跑。我相信自己在学习方面并不是个天资聪颖的人，尤其是关于"体育"这块我先前完全不熟悉的领域，也因此，我只能努力地跑、拼了命地跑，却始终不得要领。

我为此踏进信义诚品书店三楼的运动类书籍区，映入眼帘的是《天生就会跑》(*BORN TO RUN*)这本经典畅销书，以及一本图大字大、看起来相当"亲民"的马拉松教学书《轻松跑马拉松：42.195km您也能轻松达成！》，书背写着："只要能持续跑完5km，征服全程马拉松绝非不可能的任务！"

《天生就会跑》一书传递人们是天生适合跑步的生物，是地球上最有耐力的跑者。（木马文化 提供）

五公里？听起来不难；当时我已经可以每天跑三公里了，如果继续以此步调练习下去，或许假以时日，42.195公里真的可以轻松达成！

记得在日本工作时，高桥盾先生曾与我提及"L.S.D."这个听起来很酷的马拉松训练法，我之所以会觉得这名词很酷，无非是因为它与曾在60年代美国嬉皮文化[①]风潮中占有一席之地的精神性迷幻药同名。“毒品”与“马拉松”乍看之下是一黑一白，但却又有着某种奇异的关联性；例如“马拉松成瘾”的跑者，有人称之为“Marathon junkie”（取自“毒瘾者”之谐意），而长跑在追求的也是一种脑内自体吗啡分泌的感觉（脑内啡，endorphin）。书店架上的教学书内，大都有一定篇幅在介绍L.S.D.训练方法，可见得它对跑者的重要性之大。L.S.D.这三个字母其实指的就是“长距离慢跑（Long Slow Distance）”，我照本宣科地选在周末假日慢跑个一小时，虽然头几次训练结束后隔天都酸痛不已，但久而久之肌肉便能逐渐适应长时间运动的频率。

L.S.D.训练法（Long Slow Distance）

L.S.D.三个字母是Long Slow Distance的缩写，中文意思是“长距离慢跑”。这个训练法不但能增加心肺能力，还能提升长时间运动的耐力，是马拉松跑者绝对不可或缺的训练项目；甚至有此一说：常跑L.S.D.能培养出吃不胖的高代谢率体质。

训练方法很简单，基本上就是以比平常慢的跑速（可以与人正常交谈、不会喘的速度），连续跑个一百二十分钟以上，如果是为了全程马拉松做准备，可以试着跑一百八十分钟至两百四十分钟以上。训练过程中要注意水分补给，中途不要停顿（除非上厕所），如果觉得累了就把速度再放慢。这个训练法轻松又有趣，而且成效非常明显，适合在风光明媚的河滨公园或郊外进行。建议每个月至少两次，赛前可提升至每周一到两次。

① Hippie，一九六〇、一九七〇年代于美国兴起的反战文化，主要传达爱与和平的自由思想。

间歇跑训练法（Intervals Training）

间歇跑训练就如同字面意义，是利用不同运动强度交替的训练法，快跑一段时间后再慢跑一段时间，来回重复交替。这个训练法强度较高，能同时提升肌力与耐力，建议每周进行一次。训练方式有分为相当学理的专业训练法，也有适合业余跑者的轻松训练法。以简易训练来说，跑者在充分暖身后，可以先快跑八百公尺（以很喘、冲刺的速度），再慢跑四百公尺，重复四次以上的循环。如果你的耐力够高，可以再进而尝试单趟一公里、一点二公里的间歇训练；以一公里的训练来说，就是先全力冲刺一公里，再慢跑五百公尺（用快跑一半的速度跑一半的距离），重复三到五轮。

二〇一一年十一月中，因为再度受高桥盾先生邀约而来到香港参加"Gyakusou"① 品牌的派对，活动内容是请一些品牌支持者由太平山顶奔驰而下，让媒体拍拍照；虽有记速，但不算是太认真的竞赛形式。当时，我已经确定自己将参与该品牌新一季的广告拍摄，自尊心作祟造成莫名的紧张感，得失心变重，因此意外地认真。山道极度狭窄、陡峭，有些路段甚至伸手不见五指，只能借由喘息声与随身物品的携带碰撞声，来辨识其他跑者的确切位置。与其说疲累，倒不如说整场路跑活动都充满着恐惧与竞争意味；恐惧在于高速下坡时的肢体不安定感，竞争在于人与人之间的较量感。也因此，这次七公里的夜跑对我来说并不算惬意。

香港夜景美到令人屏息，山路下偶能瞥见惊艳人心的中环都心，那些好似刀锋一般锐利的华美建筑就隐身在树林缝隙的视界中，伴随着我约莫每公里六分十五秒的速度忽明忽暗地闪耀，夺目而刺眼。冬天的空气中少了些悬浮微粒，这

---

① 由 UNDERCOVER 设计师高桥盾与 NIKE 合作开发的跑步运动服装品牌。

种清晰至极的奢华看来相对残酷。这一夜，也是我继东京夜跑之后，首次体悟到“以奔跑认识一个都市”的实践方法；这个姿态的香港，是我过往仅去“买东西、吃东西”时绝对看不透的。

回台休息个几日，十一月二十九日，我又前进日本准备进行 Gyakusou 服装拍摄工作。这次拍摄的地点是在静冈县滨松市的中田岛沙丘，而天候恶劣、狂风暴雨造成工作日数度延宕……“在沙丘上跑步”也是一大挑战，所幸现场有日本教练支援，否则沙漠过软的质地实在很容易造成跑者的脚踝负担。

拍摄结束回到东京，我的心情依然处于极度亢奋的状态，频频思索着下一步该怎么走，才能让自己距离全马的目标更进一步。

隔年四月，我在台湾接获了一份梦寐以求的运动品牌代言工作，除了能得到商品赞助外，最棒的莫过于能上专业教练所指导的体能训练课程，毕竟当时我已经自己闷着头练跑了好几个月，却始终无法突破十公里大关。虽然跑步书上写着：“只要能持续跑完五公里，征服全程马拉松绝非不可能的任务！”乍看起来相当轻松，但对个性谨慎的我来说，全马依然是个未知的世界，我心中满满都是恐惧，也缺乏自信。事实上，若没有短程目标逼迫我前进的话，我的确很难战胜心中的懦弱；从过去到现在都一样，要不是当初胖到七十几公斤了，我也不会决定减肥……要不是忧郁症已经极度严重，我也不会有走出来的觉悟。

二〇一二年四月二十九日是个大日子，因为那是我人生中第一次参加大型路跑赛的日子，我将在“某品牌女生路跑”中挑战十公里长度。品牌的其他代言人都决定参加六公里的组别，只有我一个人将硬着头皮跑十公里；一万公尺，想起来就觉得不可思议。

“男生总爱炫耀自己当兵时每天跑三千，有多辛苦多辛苦……但我现在居然要跑一万。”我在比赛日前夜自豪地对妈妈说着，妈妈一如往常给了我很大的鼓励，不过她似乎还是搞不太清楚十公里到底有多远、四十二公里又有多远？反正先为女儿加油打气再说；这就是我可爱妈妈的标准反应。

阿靖哥加油！

当日清晨的气氛令我印象深刻：天色未明，凯达格兰大道上已经有许多女生们神采奕奕地蓄势待发。我请经纪人替我在“总统府”前拍了一张照片，看来神色自若，其实紧张到不行。我为自己设立了一个小小的目标，就是要在一小时

我在 2012 年 4 月的女生路跑首次挑战十公里长度，虽然清晨心情相当紧张，但还是于起跑点拍照留念。最后，我以一小时又三分完赛。

2011 年 11 月底，我前进静冈县滨松市的中田岛沙丘拍摄日本运动品牌广告，而“在沙丘上跑步”是一大挑战，所幸现场有教练支援，否则沙漠过软的质地实在很容易造成跑者的脚踝负担。

二十分之内完成！这目标时间对有运动经验的人来说应该相当容易，甚至是宽裕到有点可笑……但我始终相信，只要我能在合理的时间内完成十公里，应该就能确定自己是否有挑战全程马拉松的资格。

一万多名女生在鸣枪声后起跑，春天宜人的气温跑起来相当舒适，更令人感动的是，居然一路上都有许多跑者在替我加油打气！

“阿靖哥加油！”

“阿靖哥你好棒！”

不知道自己是被这热情的气氛冲昏头了还是怎样，我居然越跑越快、越跑越快，甚至明显感受到身体变得很轻，也不再口渴与酸痛；脑中尽是萦绕着大家所对我说的鼓励话语。最后，我以一小时又三分完成十公里，远远超越我所制定的目标时间。我在终点线后高兴地不停跳跃、大笑、手舞足蹈，精力依然充沛；由此证明，我已经练就了挑战十公里以上距离的体能状态。

我，欧阳靖，那个曾经一天抽一包烟、跑个四百公尺就快断气的孱弱少女，居然把十公里当作一块小蛋糕般摆平！这种“勇往直前”的巨大精神力，是我过去在独自练习时从来没有体会过的特殊感受。

大型路跑赛有个神奇的气氛存在于无形之中，我会把它比喻为穆斯林于麦加朝圣[①]时的氛围。每年的朝圣月，全球数以百万计的朝圣者会来到麦加，他们将以逆时针方向绕天房走七圈，接着在索法和马尔瓦两座山之间来回奔走或奔跑，然后到阿拉法特山[②]平原守夜及进行其他仪式。每个朝圣者都是个别的“个体”，他们安静地独自祷告、独自礼拜，但整个麦加却散发出一股惊人而巨大的能量。大型路跑赛也是如此，每个跑者都是独自地在跑着，但却有着一样的目标、在朝着一样的方向前进；那是我亲身感受过最巨大的正面能量，而这正面能量竟然是由一万多名

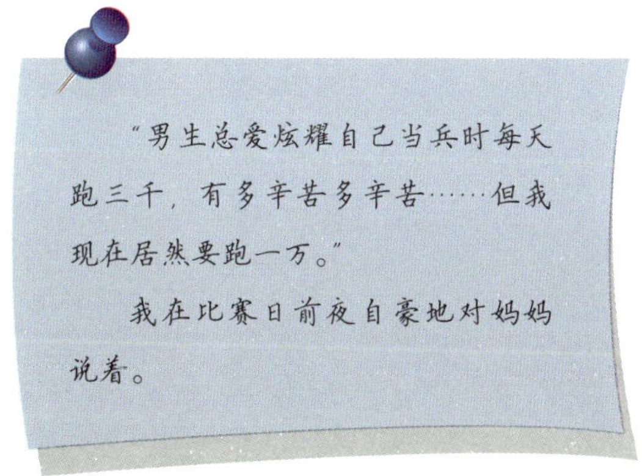

① 麦加（Makkah Al-Mukarramah）为伊斯兰教中的圣地、沙乌地阿拉伯麦加省的省会，每年都会吸引近三百万人前来朝圣。

② 位于沙乌地阿拉伯城市麦加周边的丘陵，为穆斯林朝圣必经之处。

“相信自己可以做到”的女生所产生的。

这次女生路跑赛的初次经验，让我深刻体悟到两件事：第一，跑步不是孤独的运动，不断地练习，就是为了跟有同样志向的人们一同达到目标。第二，加油声与掌声对跑者来说相当重要，我以后也要多为其他跑者加油打气！

马拉松不是竞争，是成就，是个绝对可能达成的成就。这一天，我完成了人生中第一个十公里，距离答应谭大宝的目标还有三十二公里。

人生中第一场半马赛的震撼教育．旧金山女子马拉松

“你十月要跑旧金山女子马拉松吗？”

“什么？”

“旧金山女子马拉松的半马，就是去年张钧宁跑的那一个。”

前些日子，在YOUTUBE上有支影片被女生朋友们广为流传，那是一支纪录台湾气质女演员张钧宁完成二〇一一年旧金山女子半马（2012 Women's Marathon San Francisco）的广告短片，虽说是运动品牌的形象广告，但还是相当触动人心，尤其当张钧宁伴着旧金山的美景说：“我做到了！”的时候，实在令人不由得投入自身情绪。她也是从一公里开始跑起，经过不间断的努力，直到完成了二十一公里。

在我刚完成女子路跑的十公里后，这家厂商居然问我要不要也去挑战看看二〇一二年旧金山女子半马？距离现在还有整整六个月，对训练时间来说绝对绰绰

有余，因此我当然是不假思索就一口答应了！我对自己将在美国旧金山完成人生中的初半马充满期待，而从未去过旧金山的我，可没预想到崎岖的山坡地形将会带来何种程度的艰难考验。

二〇一二年的下半年时间，我几乎一头栽进新书的整理与创作中。过去在重度忧郁症的六年岁月里，我必须依靠镇静药物来控制躁郁、暴食等生理失衡症状。不知是否为必然的副作用？我能明显感受到药物使我的记忆力受损，而从来没有写日记习惯的我，在那段痛苦至极的期间，也只能凭借着摄影与作文来记录自己曾做过什么事、去过哪里、遇见过什么人。直到现在，我才有能力与坚强的意志得以面对过去，将这些短文与摄影作品集结成册。因为二〇一二年是玛雅传说中世界末日到来的日子，因此我将这本书命名为《我们，都是末日残存者》，希望能带给依然深陷泥沼中的人们一些温暖。

“连我都能走出来了，所有人都可以；连我都能迈开大步跑着了，所有人也一定都行。”这是我当时最想对读者说的话。但倘若连我都能完成马拉松赛事，这句话将变得更具有说服力、更能带给人们正面力量。

为了迎战二十一公里的挑战，在赶稿之余，我也将于每星期上两堂跑步课与体能训练课程。我的跑步教练是名师“索南东珠”老师，来自尼泊尔的索南老师非常风趣，话语中有种专属于运动员的大而化之的幽默感。在历经数个月的专业训练之后，我觉得自己已经很能跑了；虽然当初对自己的期许标准并不高，也不要求能达到每公里均速多少之类的好成绩，但当时的我已经能轻松面对十公里左右的路程。九月二十五日于松山田径场的七公里训练中，我居然能在二十五分钟内跑完五公里，还觉得相当惬意。

索南教练笑着：“哇！要是我们早个十年找到你，就可以培训你当选手了！”

我回道:“别说十年前了，光讲一年前好了，我连一公里都跑不完呢。”

就算当时自己所跑过的最远距离只有十五公里，我依然相信自己能轻松战胜旧金山女子马拉松的二十一公里挑战。

只要能给我签证就好了！

旧金山女子马拉松的比赛日期是十月十四日，我们将在美国时间十月十一日入境，因此，我还是必须跑一趟 AIT（美国在台湾地区办事处）缴五千块钱台币办美签。AIT 官员对于“台湾单身女性”办美签的刁难事迹时有所闻，我二十八岁、未婚、工作无固定收入，完全属于美签被驳回的高危险群，为此我准备了一大堆文件，包含财产证明、马拉松报名证明、经纪公司的合约，甚至是台湾厂商的正式邀请文件……但当走向某位华裔官员面前时，还是碰了一鼻子灰。

“你要去美国做什么？”
“我要去旧金山跑马拉松。”

对方露出怀疑的表情:“跑马拉松去旧金山跑干吗？”我随即将一沓证明文件推进窗口的孔洞中，但对方完全不予理会。

“你在哪里念高中？”
“台北市和平高中……资料上都有……”对方还是不翻阅那沓资料。

“你在哪里念大学？”

“我没有念大学。”

“你为什么不念大学？”

……虽然我当时心中真正的想法是“我念不念大学跟去美国有什么关系？”但还是很冷静地回答：“因为我离开高中后就直接就业了，所以没时间念大学。”

“就业？你是做什么的？”

“我是个作家，也是演员，这位是我的经纪人。”我指了一下身旁陪同我一起申办美签的经纪人。

“演员？很多没念过大学的年轻女生都以为自己是演员，我哪知道你是谁？”

当他充满歧视性的言论脱口而出时，我的心立刻凉了一半；当时我想，这美签应该是办不成了，“也许是我没有去旧金山跑马拉松的运气吧？”居然会遇到偏见如此深的审理官员。

我们静默不语了好一会儿，他皱起眉头，终于拿起了那沓资料，但其中并没有能证明我在台湾是个公众人物的报道文件。他表情轻蔑地随意瞄了一下，随后突然离席；我与经纪人呆站在那，已经开始盘算要如何在脸书上抱怨这次办美签失败的过程。过了五分钟，那位官员回来了，态度突然一百八十度大转变，立刻核发签证给我……他念了一句：“有空还是要去念大学啊！”我只点头回道：“是是是……”只要能给我签证就好了！

虽然不知他离席那五分钟做了什么（最直觉的想法是：他去 Google 了），但至少这次旧金山女子马拉松确定将成行，接下来，我只要好好练跑就好了。

加油！已经快到了！

启程前，索南老师特地选了一夜带我到台北“故宫博物院”那带练习跑上坡，以模拟旧金山的特殊地形。我曾在旅游生活频道看过介绍旧金山的电视节目，其中就有叮当车（Cable Car）行驶于山坡上的画面，但电视毕竟是电视，从未身历其境的我还是无法得知旧金山到底有多陡峭？以至善路那带的坡度来说，我还能维持在六分三十秒左右的步速，但持续下去将是肌耐力的大考验。

旧金山半马最长的斜坡在进入终点前，是个约莫三英里多（将近五公里）的大上坡，而在此之前，有一个长达一英里的急下坡；据说有许多选手都是在那个急下坡发生抽筋现象。此外在过了十公里处，也就是经过旧金山地标金门大桥的克里斯公园（Crissy Field）后，有一段全赛道中坡度最剧烈的山路。

我于行前一边看着简直像是“心电图”般的赛道坡度表，一边在心中默默记起每个“好汉坡”的位置。

十月十一日，我与经纪人、厂商的同伴历经十三个小时飞行后来到旧金山市；这是我第一次踏上美国国土，说实在还蛮兴奋的。旧金山不愧是世界著名的观光城，空气清新，人群态度也很友善，治安状况相对与美国其他地方好了许多。这个友善的城市好似从没受过污染，海风是清澈的，还飘散着浓浓的大麻香。来自世界各地的观光客踩踏着这片土地，却依然带不进一丝秽气。异性恋情侣在码头边抽着漂亮的琉璃烟斗、年过半百的同性恋情侣裸着身体在街边作日光浴、乞丐伸出手时说“上帝保

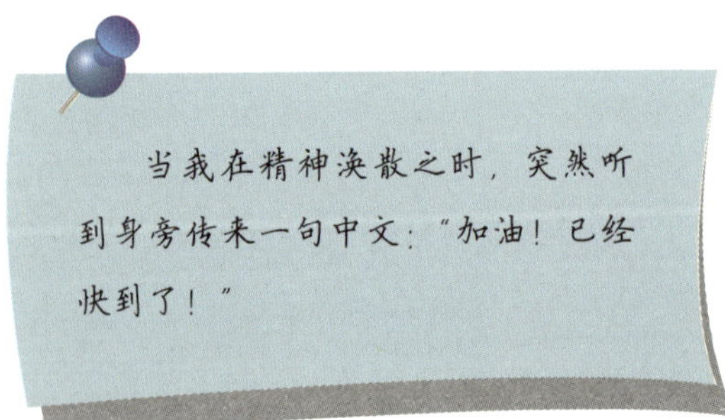

佑你"，笑容好傻气。

"爱与和平"确实是我对这个美国嬉皮文化发源地的第一印象，除此之外，还有美味得令人惊艳的大螃蟹（Dungeness Crab）、意式海鲜汤（Cioppino），以及巨人队主场 AT&T PARK、渔人码头的海狗、恶魔岛监狱的大量观光商品……而整趟行程唯二的纪念品，是在嬉皮街（Haight Street）购买的 Robert Johnson T 恤，以及在彩虹社区公益商店发现的幽默好书《死前必做的一〇一件事》（*101 Things To Do Before You Die*）。

女子马拉松比赛当日，天色未亮，三四万名蓄势待发的女性跑者聚集在联合广场（Union Square）前，随着俗媚的重节奏流行音乐摆动窈窕身躯。即便在人挤人的状态下无法作出幅度太大的暖身动作，但女孩们却都能找到合宜的最广空间来延展自己的热情；摆臀、跳跃、嬉笑。令人感到意外的是，她们扭动的姿态不带有任何色情或性暗示的意味，而是健康、青春、纯粹的美与善。清晨六点三十分，三万多人在一起高唱美国国歌后开跑。

虽名为"女子马拉松"，但旧金山女子马拉松却不限定只有女生可以参加，男性一样可以报名，只不过主办单位规划的赞助商品、完跑礼、纪念 T 恤等，都是以女性所需为主。赛道上少数的男性参赛者多是盲人选手陪跑员，陪女友参赛的体贴优质男也不少。我们见到一对新婚夫妻，跑在左边的男生于背后贴上"Just"字条，右边的女生则是贴上"Married"……这也是为何我知道他们是一对新婚夫妻，他们是半马的参赛选手，必须维持一样的步速跑完二十一公里；这"晒恩爱"的方式实在是既辛苦又特别。

当天清晨，旧金山海边起了大雾，几乎什么美景都看不到。前十公里我以六分十秒左右的步速轻松完成，紧接着而来的就是最艰巨的考验——全路程最陡峭的好汉坡。我脑中只想着："看到金门大桥的红色桥墩后，就要开始爬山了！"

1
ELICATESSEN
America's
2
3
4

1 女子马拉松比赛当日，天色未亮，我蓄势待发。

2 完跑后终点气温很低，跑者纷纷披上主办单位提供的锡箔披风御寒。

3 来到美国前，索南老师交代我们要多吃碳水化合物（为了补充马拉松跑者所需的肝醣），于是每天早餐都吃超大份蛋卷与薯饼！

4 来到旧金山，一定要尝尝当地名产——意大利海鲜汤（Cioppino），美味极了！

5 美丽的渔人码头，旧金山是个适合跑者的城市。

6 我人生中第一条 Tiffany 项链，这条 Tiffany 项链是用钱也买不到的女子马拉松完跑礼。

7、8 联合广场旁的墙上印有一万多名旧金山女子马拉松跑者的名字，我也找到自己的名字了。

5

6

7

8

无奈当时雾气实在太浓，我望着海的方向，只是一片白茫茫，完全看不见金门大桥在哪里。此时，我身旁的金发中年女跑者突然手指前方，笑笑地对我说："你看看那个山丘！"我这才注意到她所指向的不远处，皆是奋力爬坡的跑者布满一整个山丘……那山丘，比想象中还要陡！根本不是至善路等级的温柔上坡。当我拼完这一英里，步速立刻掉到每公里八分钟，剧烈的肌肉酸痛令我信心全失。

我在心中呐喊："半马应该没有那么困难啊？旧金山赛事真的超乎我想象的'硬'啊！"虽然身旁一直有其他跑者呼啸而过，但我在低温中依然感受到巨大的孤独与无力感。

在赛前我有为自己设立一个小小的目标，就是要在两小时五十分之内完成赛事，但当时跛着脚慢跑过十五公里指示牌的我，已经完全放弃这个目标，只求能完赛就好。这是我人生中第一次跑超过十五公里，原来是如此痛苦的感受，我甚至开始质疑起自己当初为何要立下跑全马的誓愿？

当我在精神涣散之时，突然听到身旁传来一句中文："加油！已经快到了！"

我惊讶地回头看，发现跑在身边的人，居然是在台湾才认识不久的路跑同好，也是个女子三铁好手！能在两万多名参赛者中相遇也实在太有缘分，她的这句"加油"带给我非常巨大的精神鼓励，我立刻提高到六分三十秒左右的速度，平稳地跑着。说也奇怪，刚刚才考虑放弃目标的我，现在居然跑得还挺顺畅的。在剩下最后三公里时，又巧遇另一名同伴，双倍精神支持令我意志力大增。我查看了一下左手 GPS 手表上头显示的时间，这才惊觉：我不但能在预定目标内完成赛事，而且还绰绰有余！

最后，我与同伴一同冲过终点线；两小时二十五分四十二秒，是我人生中第一个二十一公里半马赛的成绩，二〇一二年十月十四日，于美国旧金山女子马拉松达成。而在一年前的这一天，我连 1.4 km 都跑不完。

我好想好想好想跑全马！

终点过后有许多位身穿燕尾服的型男手捧着放满 Tiffany & Co. 绿盒子的银托盘，发送 Tiffany 项链给完跑的参赛者，这条 Tiffany 项链是用钱也买不到的女子马拉松完跑礼。虽然在预定目标内完赛，也拿到了人生中第一条 Tiffany 项链，我的喜悦却没有维持太久。

客观而言，那个早晨，我很完美，无论是就心灵或体能层面去论述。虽然抵达终点时有种“被陡峭的山坡狠狠揍了一拳”的失落感，但至少我完成了这场超艰巨的赛事，也因为完赛，更加深了我想挑战全程马拉松的目标与渴望，无奈以我现在的体能状况而言，跑二十一公里都如此辛苦了，更何况是四十二公里？而当我与同伴一同准备离开会场时，我看到参与全程马拉松的跑者通过终点线，眼泪立刻止不住地宣泄而出……

“我好想好想好想跑全马！”我裹着保暖用的锡箔披风，在林荫中低声喊着。

我思索着自己第一次完跑全马时可能会有的感觉，又或者是累到无法思索？又或者我根本跑不完？当我已经将四十二公里作为人生目标时，这二十一公里的成就感顿时幻化为自卑感。这次旧金山女子马拉松半马组中，有不少跑者是为

我强迫自己微笑以对这些负面的误会，我知道自己过去的形象太黑暗，有许多人坚信我不可能好起来、不可能走出来；对这些自我意识太强的人来说，我今日的正面、阳光就形同给了他们重重一拳。

血癌机构筹款的慈善团体成员，她们在T恤写上“Survivor”与患者的名字；她们不见得是练习有成的跑者，但具有为其他人奔跑的目的。我为了“证明自己的目的”感到自卑，但仔细想想，自卑之类的负面情绪或许不应该存在于旧金山这美丽的城市之中？

我完成了人生中第一场半马，而距离答应谭大宝的目标还剩下二十一公里。

闹哄哄的上海马拉松与台北马拉松

我知道自己还必须多跑几个半马赛，在体能方面才够资格参加全马，旧金山的经验只是一个起步。完跑旧金山回到台湾后，我兴奋地在脸书上贴文发表这趟旅程的经历，也得到很多网友的支持与鼓励；仿佛我依然奔驰在公路上，沉浸于身旁此起彼落的加油声中，光是阅读这些留言就让我浑身充满了力量。

虽然如此，其中还是不乏匿名网友写着：“一个吸毒嗑药的人都可以跑半马了，年轻真好。”

我强迫自己微笑以对这些负面的误会，我知道自己过去的形象太黑暗，有许多人坚信我不可能好起来、不可能走出来；对这些自我意识太强的人来说，我今日的正面、阳光就形同给了他们重重一拳。他们会试图用各种方式、用各种难听的字眼把我打回黑暗以证明自己的判断。我看到这些留言时的确心如刀割，我很想大喊："我真的很努力地走出来了，为什么不愿意相信我？"但我不能软弱，我没有时间悲伤，与其把生命纠结在负面情绪的荆棘中，还不如为了下个月将参加的上海马拉松而好好练跑。

上海马拉松对我来说是个突发行程，我从旧金山回到台湾之后，便立即报名了十二月份的富邦台北国际马拉松，但就在数周之前，与我合作的运动品牌厂商临时接下了上海马拉松协办权，也得到参赛保证名额。

"已经报名了台北马，你还要跑上海马拉松吗？"对方询问我的参加意愿。台北马拉松的比赛日是十二月十六日，与上海差了两个星期……在两星期之内跑两个二十一公里半马？我想我应付得来！

"第一次跑半马就是旧金山这么困难的地形，接下来应该没有任何马拉松好担忧了！"

抱着轻松心情的我，在同年十一月底来到上海，为了即将举行的上海马拉松半马赛做准备。在此之前，我对上海的既定印象是"高物价"、"脏乱"、"超多观光客"……但或许就如同在东京、香港夜跑的经验一般，我是否能以跑者的姿态，摒除己见、重新认识一个我原本就熟悉的城市？也因此，上海将成为我人生中第二场半马赛挑战的都市。

此次为期四天的行程相当特别，活动内容并不仅止于参加马拉松，我们

纽约路跑团队代表分享他们“将路跑融入生活”的经验想法。墙上所写的是美国传奇跑者史提夫·普里方丹（Steve Prefontaine，1951-1975）的名言：“最佳的步伐就是毫无保留地往前跑，而今天就是你该拼命的日子。”

还有机会与来自世界各地的路跑团队切磋交流。除了东道主——上海路跑团体“Dark Runners”的成员们之外，北京、香港、广州……甚至是伦敦、纽约的路跑团体也都有跑者代表参与。这些跑者大多从事设计创作工作，也有 DJ、诗人、造型师……都是在年轻社群中引领次文化潮流的精英分子，他们不仅将路跑融入生活，也更重视跑步时的穿着打扮，以及身为一名跑者该有的生活态度。

纽约路跑团体“Bridge Runners”的代表说：“我们追求的是把跑步‘加入’你的生活，你不需要为了跑步而‘减去’什么。你不需要为了跑步而早睡早起、你不需要为了跑步戒酒、你不需要为了跑步而牺牲与朋友共处的时间……你只要将跑步放进你与同伴的生活之中，这就是我们的理念。”

马拉松比赛当日，我决定不管完赛时间，与上海的朋友们一同完成这二十一公里，也顺便好好感受一下“团跑”是什么样的气氛。这是我头一次同时接触到这么多路跑团体，也获得了很大的启发。当时我想：若我能将这概念带回台湾，找些志同道合的好友组成一个具有社群影响力的路跑团体，或许能带动更多年轻人跑起来？（这次的经历也成为我翌年于台北组成路跑团体 Amazing Crew 的契机。）

十二月初的上海又湿又冷，夜晚气温低到只有个位数，清晨却又常常下雨。我总嫌弃台北盆地夏热冬冷的气候不宜人居，但其实上海夏天更热、冬天更冷，这边居民的适应能力着实令人钦佩。就如同意料之中，今日清晨也下着大雨，我与同伴躲在起跑点附近的建筑物下直打哆嗦。虽然其他朋友是当地人，但这也是他们第一次参加自己城市的马拉松赛；也因此，我们完全搞不清楚该注意些什么，或者将可能有怎样的突发状况？

起跑时间到，伴着滂沱的军乐声，大会主持人拿起麦克风，说起了句句押韵的吉祥话：“让我们展翅高飞、翱翔万里！上海只向前！”

第一批竞赛组职业跑者顺利起跑，但之后的参赛者却穿着塑胶雨衣，在大雨中缓慢移动。当时正准备站上起跑线的我们，眼见这情景，立刻产生了不好的预感……

果然，我们的担忧成真了！才通过起跑线没多远，赛道上就满是被丢弃的雨衣与垃圾四散一片！虽说穿着雨衣跑绝对会热到撑不了几百公尺，但这些跑者也不把雨衣往路边扔，就这样随意弃置。另外，还有许多参赛者并非真正的马拉松跑者，他们只是手持印有广告标语的旗帜在游行，横跨阻挡了一整个跑道。头几公里，我们都得一边跳过地上的雨衣、一边闪避挡路的走路工，还得注意是否有突然冲过来朝跑者拍照的路人大婶……

上海马拉松的有趣广告标语“再不跑，游客就涌进来了！”大量的观光客确实是上海这都市的一大特色。

我的上海马拉松号码牌。

赛前一日，我穿着旧金山女子马拉松的外套在上海外滩进行团队活动，于咖啡店内遇到一只娇小的西施幼犬。

“我以为旧金山的山坡已经够极限了，没想到上海是另一种挑战啊……”我狼狈地说着，大家也苦笑不已。

为了配合所有同伴的跑速，我们于每个水站都停下来补给后再起跑；在嬉笑闲聊之中，也自然而然地重拾了跑者的幽默心态。后来又见有电动机车趁交通警察分神时骑过赛道、大叔叼着烟在路旁催促跑者快跑……总之就是一片混乱，却完全不会令人感到无聊的二十一公里。虽然同样都是二十一公里，但上海马拉松的体验跟旧金山完全不一样；原来，这就是到各城市参加路跑赛的醍醐味。

我们一行人在两小时五十分后到达终点，互相拥抱、给予对方鼓励。

我们真的不需要为了跑步而“减少”什么，跑步乍看之下是个孤独的运动，事实上，我们却可以让朋友“加入”自己的跑步生活之中。

我想我准备好了

身为土生土长的台北人，一定要参加台北马拉松；即便“台北人”常被冠上冷漠、雅痞、天龙人[1]等负面印象，台北盆地的生活环境也不是多么舒适，空气污染、台风、地震……但很奇怪的，我就是喜欢她，她是我的家乡。

对运动毫无兴趣的妈妈很少参加我的日常训练，而我前几次马拉松比赛也都是在国外进行，因此台北马拉松比赛日的这个早晨，妈妈终于说她要陪我到起跑

---

① “天龙人”一词源自日本漫画《ONE PIECE》航海王中的一个族群，他们的特色是自认血统高贵、不屑与百姓呼吸相同的空气，后来引申到一些特别惹人厌恶的权贵人士与其子弟、公平正义冷感甚至是无知的台北市民众。

我们真的不需要为了跑步而“减少”什么，跑步乍看之下是个孤独的运动，事实上，我们却可以让朋友“加入”自己的跑步生活之中。

点，在出发前替我拍拍照。

先前的马拉松经验中，我看过跑者在背后贴标语，甚至是直接在身上写字；有的是自我介绍，告诉大家他是为了什么而跑；有的是公益性质，就如同我在旧金山看到：血癌机构的慈善团体成员，她们在 T 恤写上“Survivor”字样与患者的名字。这次，我决定在背后贴上反核标语，倘若我能在人群中一直超车前进，就能让更多人知道我反对核能发电的意识。“希望能引起小小的共鸣！”我在起跑前这样想着。果不其然，一开跑就有日籍跑者冲过来对我比个“赞”，还用日文说了句：“加油！”而到了终点，我意外发现自己并不是唯一一个携带反核标语的人。

家乡就是家乡，虽然这是一场参加总人数高达十万人的巨大路跑活动，但我却能在人群中看到自己的邻居、健身房的朋友、合作过的摄影记者大哥……“原来你也有在跑啊！”当知道自己认识的人也是马拉松跑者时，心中的温暖不言而喻；原来，生活在这个城市的我们都有共同的兴趣。

当天早上完跑回到家后，发现妈妈清晨替我拍摄的照片全部设错像素，每一张都小到无法使用；但我起跑后，她拍摄其他跑者的却又都是正常的。

“唉呦喂啊～我不是故意的啦！”

“没关系……明年再拍就好了……”

其实就算我那可爱的妈妈没失误，我还是会参加来年的台北马拉松；应该是说，我以后每一届都会参加。我对于能够将“路跑融入生活”的自己感到骄傲，过去二十八年的人生，我从来没想过自己可能会有这么一天。历经三场半马赛，我练就了每个星期都能来场二十一公里 L.S.D. 的长跑者体质；对于挑战全马这个人生目标，我想我准备好了。

“跑步是一个天天都存在的大问号，它会问你：‘你今天要当胆小鬼，还是要坚强？’”

——前加拿大马拉松选手，彼得·马赫

“Running is a big question mark that's there each and every day. It asks you, 'Are you going to be a wimp or are you going to be strong today?'”— PETER MAHER

2-4

RUNNER'S HIGH

跑者的愉悦感

当有氧运动量超过某一阶段时，体内分泌脑内啡，产生一种特殊的愉悦感，并且能舒缓乳酸堆积引发的疼痛。

重生与达成的日子．二〇一三名古屋女子马拉松

我从来没有这么长时间渴求于完成一件事情过，而且是伴随着兴奋与期待。我是个很没有耐心的人，无论做什么事情都是三分钟热度，喜欢哪位偶像明星、热衷于某种语言学习、钻研于哪项兴趣……总之，没有一件事能让我持之以恒超过两个月。但从东京夜跑的那一夜算起，直至二〇一三年三月，已经将近一年半了……我依然极度渴求完成全程马拉松，也因此而拼命地练跑着。

“我的身体比别人差、底子比别人弱，我只能比别人更努力！”我这样告诉自己，而这个意念也支持着我每日路跑七公里的训练量。刚开始练跑完肌肉都非常僵硬，回家后必须以放松筋肌膜的滚轮将肌肉粘连疏松开，那是个极度疼痛的复健过程，但如果不忍受这种痛苦，我的身体就没有办法支持此种等级的训练量；没有这种等级的训练量，我就不能有完成全程马拉松资格的身体。

当时，我人生的确切梦想就是“完跑全程马拉松”，我想体会脑内啡分泌的感觉，所以如上瘾一般迷恋着奔跑这仪式。我从来没有体会过这种悸动，那是种充满踏实感的期待；仿佛看到目标就近在触手可及的地方，只要多加把劲去抓住就好了。

“我的身体比别人差、底子比别人弱，我只能比别人更努力！”
我这样告诉自己。

如同旧金山女子马拉松一般，名古屋女子马拉松也会将所有参赛者名字列在墙上，现场女孩们纷纷热切寻找着自己的名字。若非如此，真的看不出来这些看似柔弱可爱的日本女生都将挑战全程马拉松！

这一天终于来到了，二〇一三年三月，我得到前去日本名古屋的机会，为了参加名古屋女子马拉松的四十二公里全程马拉松。

对略懂日文的我来说，日本是个熟悉的地方，但名古屋并不是我所熟悉或向往的城市。一生只有一次“初马”（第一次跑全程马拉松）的机会，我是否该将自己的初马献给名古屋？我思索着……

“名古屋女子马拉松是全世界最盛大的女子马拉松，每年有一万多人参加，报名资格都是秒杀。跟旧金山女子马拉松不同；这真的只有女生才可以报名，也只有全马这个选项，没有半马。”友人如此告诉我之后，我顿时吓了一大跳！

“原来世界上有大型纯女子全马！与一万多名女生一起跑全马？这将会是多么不可思议的感觉……”

在我开始练跑之后，深切感受到台湾跑者男女比例相差之悬殊，我也一直很希望以自己的力量带动更多女生跑起来；毕竟跑步是一个完美的纾压方式，没有竞争性、没有强迫性，不必约人陪伴、也不必花什么钱。对许多女生来说，纾压无非就是大吃大喝、非理性购物，甚至是像我自己以前一样，拼命往负面情绪的死胡同钻，再严重则会试图伤害自己……但其实只要跑跑步，就会发现一切问题都是可以轻易解决、可以在转念之间大而化之的。

日本人是个对长跑相当狂热的民族，我之所以会想要跑马也是受到日本人的影响，但我真的没想到：名额高达近两万人的纯女子全马居然会如此热门而一位难求！我想起自己一年前参加“女生路跑”的感觉，那是我第一次挑战十公里长度，也是与女生们一同完成的；一万多名女生散发着强大的正面能量，她们都因为“相信自己可以做到”而努力地跑着。

于是，我决定参加这次的名古屋女子马拉松，即使一年半以前，我连 1.4 公里都跑不完；但这一天，我相信自己可以做到、我一定可以完成这 42.195 公里！

今天是我重生的日子

赴日前一周，在旧金山半马前给了我许多帮助的索南东珠教练提醒我：“为了安全，要先跑一场三十五公里以上的 L.S.D. 喔！”

初全马前的这个长程 L.S.D. 训练非常重要，它可以给予肌肉一个“警告”，就好像是先对肌肉说：“接下来我会让你很辛苦，你到时候可不要抽筋喔！”

除此之外，也能先体会完跑全马后身体疼痛的程度。我选在周末清晨到河滨公园跑了二十六公里，步速是每公里八分钟左右，很慢的速度；但完跑后双腿肌肉都出现了剧烈酸痛。接下来我花了整整一星期放松身体、拉筋、吃大量碳水化合物储备能量，然后直接启程前往初次造访的名古屋市。

名古屋是个干净的地方，空气品质好、水质清澈，三月均温约十几到二十几度，街景没多大特色但道路极平坦，的确是个适合跑马拉松的城市；听说往年也常有职业跑者在此突破个人最佳纪录。赛前两天我尝试了名古屋特产美食“手羽先（鸡翅）”，却不时关切着二〇一三年世界棒球经典赛的“中华队”之役。

我睡觉时总习惯开启一个记录睡眠品质的 APP，并将 iPhone 放在枕头边、转为飞航模式（减低电磁波干扰）；起床后，我就可以借由那个 APP 确认自己当晚的睡眠品质。比赛日的清晨三点半，我清醒了。因为不习惯饭店床铺的软硬度，也可能是心情紧张？我很确定自己几乎没有睡着。一查看手机：没错，我只睡了三个半小时，而且睡眠品质只有百分之四十……我今天要跑人生中第一个四十二公里全马，体力方面负荷得来吗？

这担忧只持续了几秒钟，我就突然联想起日前所看到“台湾超马好手陈彦博勇敢抗癌”的报导，心中顿时受到了很大的鼓舞。曾征服北极、喜马拉雅山超马的陈彦博，

名古屋地标“**ナナちゃん**”巨大人形也换上了女子马拉松的服饰，我刚好与她穿了同一双鞋。

在挑战“七大洲、八大站”[1]时被诊断罹患了咽喉癌，但他依然凭着坚韧的意志力完赛。即使我只是个跑马的菜鸟，并非陈彦博般的杰出运动员；但我想意志力与热情绝对可以战胜身体上的不适。

“先拼一下，只要完成后再充分休息就好了！”我如此告诉自己，就像吃了一颗定心丸。

这个早上，我平静的心情大过于紧张，甚至可说是一点都不紧张。我对于自己这些年来思考逻辑的悬殊变化感到不可思议；在过去，我是个只要睡眠不足就会往负面情绪死胡同钻的人，甚至有长达六年的时间都被安眠药与镇定剂制约着，没想到今日，我居然会以一个极度坦荡的情绪迎接自己的初马。

想起一年多前，我在东京询问即将二度前进檀香山马拉松的高桥盾先生：“你会紧张吗？”他回答：“不会紧张，只是非常期待。”当时我还没开始跑马，因此完全不能理解他的期待之处，直至今日，即便我依然没体会过“脑内啡”分泌的感觉，但对于自己即将完成一年半以来的心愿这件事，可是满怀巨大的期待。

“今天是我的另一个生日，是我重生的日子。”出发前我对伙伴这么说着，没有激情、没有踌躇，只有坚定与喜悦。

---

① 以“七大洲、八大站”为目标的台湾超马好手陈彦博，在五年之内完成了：“磁北极六百五十公里大挑战”、“喜马拉雅五天分站赛”、“北极点马拉松赛”、“南极洲超马赛”、“南非喀拉哈里沙漠超马赛”、“南美洲巴西挑战赛”、“欧洲西班牙洛哈超马山径赛”、“加拿大育空极地超马横越赛”、“澳洲内陆超马横越赛”这些赛事，达成了目标。

名古屋女子马拉松在路线上是折返设计，也就是说跑了二十一公里后会原路折返；因此对某些跑者来说或许有些无趣，但它在起点与终点的设定上却令人印象深刻。我们的出发线（Start Line）就设在四十二公里立牌的旁边，而终点线（Finish Line）则是在名古屋巨蛋内，也就是说：当跑者跑完四十二公里后，最后的一百九十五公尺是冲进巨蛋内的（全程马拉松是 42.195km）。我与日本东京路跑团体“AFE（Athletics Far East）”的女子成员一同在起跑点热身，她们几个纤瘦的女生也都是第一次跑全程马拉松；我们已经预想到，当自己回到这起跑点旁的四十二公里立牌、然后冲进名古屋巨蛋时会有多大的感动。

终于，我与一万四千多名女生一同起跑，放眼望去几乎九成以上都是日本籍的女生，她们的外形看来柔弱、不同于我们印象中的“跑者”，甚至带有些许日

名古屋巨蛋内，女子马拉松的博览会（EXPO）充满着粉红配色。

本女孩专属的娇羞可爱……但令人感到意外的是，她们的步速都很快！我在赴日前将能播放四个小时以上的歌单灌入随身听内，但一起跑后，我就立即摘下了耳机。

不同于旧金山的活泼、上海的喧嚣、台北的温馨，名古屋女子马拉松给我的感觉是“坚定”，我想好好感受这美妙的现场氛围，于是再也没戴上耳机。沿途水站、补给站、食物站、医疗站都非常充足，志工热情有礼貌、跑者有秩序……街边有年轻男生举着牌子在替跑者加油，上头写着：“跑步的女生是最美的女生。”也有妈妈手绘立牌替女儿打气：“美智子加油！妈妈替你应援！”还有父母带着小朋友在路边大喊：“姐姐们加油！姐姐们好酷！”

因为比赛日是三月十日，刚好为“三一一”东日本大地震两周年前日；所以也有许多在身上贴着“日本加油”贴纸的跑者。

我不发一语，只听见自己的呼吸声。头二十一公里，是我人生中跑过最顺畅、最惬意的二十一公里，曾经被我视为艰难目标的半马，居然在两小时十五分钟就轻松完成了！接下来的二十一到三十公里路段如同意料之中地出现了大腿肌肉酸痛的情形，但都在可以忍受与控制的范围内；我找了一个配速与自己差不多的女生，以相同的速度跑在她后面，简单地说，就是找一个眼前可及的目标推动自己的前进意志。

虽然此时我对于自己起跑太快、配速混乱的情形稍微感到不安，但还是决定在有力气时多冲刺一下。我迈开大步，加速到每公里五分钟三十秒左右，持续跑了几分钟之后……天堂来了！我很明显感受到脑内啡的分泌（Runner's high）！那是一种极度特殊的感受，当前所未有的感觉浮现时，我立刻知道那就是传说中的脑内啡！我全身发麻，明明戴着手套，却能感受到冷风骚过指尖；双腿的疼痛完全消失、双脚仿佛踏在弹簧垫上、左耳听到间断而令人舒服的蜂鸣般的高频声音……但这天堂只维持了约莫短短一公里，随后，立即进入地狱！

到达名古屋当天刚好是世界棒球经典赛的中日大战，我穿着替“中华队”加油的 T-shirt 在日本关切着赛况，这一役台湾是虽败犹荣。

三十二公里到三十七公里绝对是地狱……不是“酸痛”，就是很单纯的“痛”，大腿与小腿、臀部的肌肉就像是被火烧灼一样……我意志消沉、信心全失。天候变化对精神力也是极巨大的考验，记得起跑时气温还有二十几度（因此我选穿了短袖），但过了三十二公里后却突然下起倾盆大雨、刮大风、气温还骤降到五度以下……我被雨滴打到连眼睛都睁不开……忍受着极巨大的疼痛感移动着双脚，却心灰意冷地觉得自己再也无法前进……

“不可能停下来……气温太低，如果停下来改用走的，体温骤降、乳酸堆积会更痛……”我清楚知道这个道理，只好督促自己一直继续跑下去。记得赛前我还在嫌弃名古屋街景太无趣，但现在却痛到什么都看不见。此时身旁的女跑者都低着头，将速度降到每公里七分半、八分钟以下，甚至有名瘦弱的女生瘸着腿，应该是已经扭伤了？却依然不放弃地一步步在前进。没错，还剩下五公里，即便用走的也能够完成！倘若我是她，我也不会放弃！

我受到那名女生鼓舞，坚持了意志，却依然不敌剧烈的疼痛感……三十七公里时，疼痛度达到最高点。我落下眼泪，在心中默默对谭大宝说："大宝，你姐姐是个很厉害、可以跑完四十二公里的人喔！"然后，我笑了出来，虽然眼泪并未止住，但我确实以这个意念撑了下来。

大宝！姐姐很厉害跑完四十二公里了

一切的一切、这一年半来一切努力的原点，都是为了证明自己已经变坚强了。我的人生曾走过被霸凌的孤独童年、整整六年忧郁症的时光。曾有很多人不相信我会好起来、不相信我走得出来，但我做到了。当我在摸索人生目标却处处碰壁的当下，曾给予我极大的抚慰力量，甚至被我视为亲弟弟的猫咪大宝离开了……我决定放手一搏：我要完成一件过去觉得自己永远不可能达成的目标，我要跑全程马拉松！试试看，才知道人生会走往哪个方向，也足以证明自己变坚强。往后的日子无论遇到任何困难，我都有信心不会回到过去的黑暗。

试试看，才知道人生会走往哪个方向，也足以证明自己变坚强。

往后的日子无论遇到任何困难，我都有信心不会回到过去的黑暗。

"没骗你吧！你姐姐是个很厉害、可以跑完四十二公里的人喔！你上天堂后我自己照顾自己就好了！"我在心中持续对谭大宝说着。此刻，我因为疼痛而掉下眼泪，却也同时因为喜悦而笑了出来。滂沱大雨打在脸颊上，没人看得见我的表情，但我想，我应该是充满自信的吧？

我不只回忆起过去一年半以来为了全马而锻炼的自己：从一个体重七十公斤、极痛恨运动的学生，到走路会昏倒的厌食症患者……而这一年半以来，我居然能够一天练跑七公里，只为了达到“完成全程马拉松”这个目标……我着实为自己感到无比骄傲。

最后剩下四公里，稍微平复激动情绪的我试着拉回步速。而缘分真的好奇妙好奇妙……在一万四千多人当中，我居然遇到一同起跑的东京 AFE 路跑团体的女生，她们的速度很快，于是我也提高步速到每公里约六分钟，果然没多久后就看到起跑点旁的四十二公里立牌。我们四个人手拉着手，边尖叫边冲进名古屋巨蛋，狂奔过最后一百九十五公尺。那感觉真的太剧烈，仿佛壮阔的音乐在四周响起……通过终点线那一刻，我的心中带着极巨大的喜悦。

我看了看左手腕上的 GPS 手表：四小时五十七分，我居然在五个小时之内完成了自己的初全马。二〇一三年三月十日，日本名古屋，这天就是我重生的日子。

启发我的伟大跑者们＋我的路跑团体

去年在参加上海马拉松半马赛时，我头一次接触到“路跑团体（Running Team）”与“团跑（Crew Run）”这种东西。无论是来自上海、香港、广州……或是伦敦、纽约的路跑团体都充满专属于次世代文化的潮流感。这些跑者大多从

完跑后我与日本 AFE 路跑团体的女生一同到达终点，我们都是第一次完成全马，不由自主地相拥而泣。

事设计创作工作，也有 DJ、诗人、造型师……尽是些在年轻社群中具有影响力的精英分子，他们不仅将路跑融入生活之中，也更重视跑步时的穿着打扮，以及身为一名跑者该有的生活态度。当时我就想：若我能将这概念带回台湾，找些志同道合的好友组成一个路跑团体，或许能带动更多年轻人跑起来？

总之，“朋友的朋友”是个强大的链结力量；几经波折之后，我们终于成立了

与志同道合的好朋友跑在一起，是一种完全不同的体验。

专属于自己的路跑团体“Amazing Crew”，成员有设计师、插画家也有媒体工作者。最值得一提的是，我的成员们每个都比我更会跑、更专精于运动，在社群网站上能发挥的影响力也比我还远大；以至于每次公开聚跑时，总会有粉丝要求与我们的团员签名合照。这是一个极好的效应，在我们成立没多久后，立刻感受到有越来越多年轻人与志同道合的朋友们跑在一起，甚至能看到在街头、田径场夜跑的跑者年龄层有逐渐降低的趋势。

我们真的不需要为了跑步而“减少”什么，跑步乍看之下是个孤独的运动，事实上，我们却可以让朋友“加入”自己的跑步生活之中。与朋友跑在一起是种完全不同的体验，不但可以联系感情，还能督促自己不断进步。当我在名古屋完成全马后，一度落入失去目标的低潮，但团员的精进勉励了我。现在，我们共同报名了二〇一四年的东京马拉松，我们也以此为目标在不断练习着。

除了朋友的影响，完成全马后的这段时间，我也有幸受到许多伟大跑者的启发。

自从阅读了亚洲超马神——关家良一[1]先生的自传后，我感受到某条神经链被开启了……我惊异于人类在超级马拉松（Ultra-Marathon）上所能达到的极限。曾被我视为极艰困目标、花上我一年半努力锻炼才得以完成的四十二公里全程马拉松，居然只是关家先生赛前“每日”的练习量。而他挑战斯巴达松超马赛（Spartathlon）夺冠的经历更是使人神往；这场赛事，所有选手必须在三十六小时内跑完两百四十六公里的路程（从雅典跑到斯巴达），也就是两千五百年前，雅典指派传令兵斐里庇得斯（Pheidippides）前往斯巴达求援的同一段路程。

我一直认为马拉松是个极度“浪漫”的运动，两千五百年前，要不是传令兵斐里庇得斯连续跑了一天一夜、向斯巴达王求援，希腊根本不可能战胜波斯大军；而负伤的他，更以最后的力气再度从战场跑回雅典通报胜利后便死去。往后数千年，世界上仍有无数的人在跑着马拉松、甚至是超级马拉松，这何尝不是一种极壮阔而具大时代感的浪漫情怀？

“如果我是斐里庇得斯，我在生命最后的奔驰中，到底会带着怎样的喜悦呢？”我不时如此想着。

关家良一先生的自传带给我无限的启发，他的经历更是令人神往。（远流 提供）

---

① 日本超级马拉松名将，隶属日本巨人马拉松军团，是现任亚洲二十四小时超级马拉松纪录保持者，也曾二度获得“希腊斯巴达松超级马拉松赛”冠军。

关家良一：跑步后找回原本的自己

关家先生在二〇〇九年以二十三小时又四十八分的成绩夺冠斯巴达松超马赛，这场艰困赛事每年只有一百多名来自世界各地的顶尖选手参与，完跑率不到三分之一……而更令我感到惊异的是，关家先生原本就跟我们一般人一样，是个半路出家的业余马拉松跑者，并不是职业运动员！直至今日，他的主业还是一名每日正常上下班的工程技师。

二〇一三年四月份，与台湾渊源颇深的关家先生出版了另一本中文书籍，而刚完跑初全马的我，居然有幸受到出版社邀请与关家先生在新书发表会上对谈，直接面对面向他请益。

“您当初为什么想要跑超级马拉松呢？”我问道。

黝黑的关家先生腼腆地笑眯了眼睛，似乎有点不好意思地回答道：“就是想跑跑看吧……看看自己到底能跑多远？”

这答案立即让我联想起经典电影《阿甘正传》(*Forrest Gump*)[①]中长跑的桥段，要成为杰出的跑者往往不需理由，只求一股正向而执着的力量；而这种力量能影响好多好多人。我领悟到：与其等待寻找到下一个目标再起步，不如先毫无理由地跑着，人生自然会找到方向。

在这次对谈中，关家先生还解除了我长久以来的疑惑，就是“为什么日本人

---

① 《阿甘正传》是一部根据同名小说改编的美国电影，荣获多项奥斯卡大奖。由于主角慢跑至全美各地的剧情，也被视为是关于“长跑精神”的代表电影之一。

亚洲超马神——关家良一先生的经历给了我很大的启发，很难相信身为世界顶尖超马选手的他至今仍然是业余选手。

如此热爱马拉松？”

关家先生略加思索后给了我答案。他说日本人很重视“道”的精神，武士道、花道、茶道……这些都是“道”，马拉松就像是一种“道”；“道”的精髓不在与其他人拼胜负，而在于专精与自我超越。

因为开始跑马，我逐渐认识了越来越多马拉松跑者，这是我过去未曾接触过的领域，而我发现这些杰出跑者在人格上都有一种共同特质——“幽默”。虽然不知道他们是因为先拥有了正向思考的能力才成为跑者，还是成为跑者后才培养出正向思考的能力？但至少对我来说，幽默感这种东西是与生俱来的，我曾经失去了它，甚至成为一位极度严肃、钻牛角尖的人，直到开始跑步后，我才又找回原本的自己。

马拉松健将张嘉哲和他的奥运号码布

在二〇一三年七月份的一场运动产品公开活动上，我遇到台湾马拉松健将张嘉哲，他曾在纪录片《朽木。真男人》中说道："曾经觉得奥运就像是月球上的事，完全是另一个世界……只是二〇〇七年开始，却发现这个世界离我越来越近。"二〇一二年，他果然代表台湾出战伦敦奥运。

活动上的张嘉哲眼神坚定，谈吐极度风趣；他将伦敦奥运的号码布用别针随意别在背包上，看来简直不像是什么贵重的东西。我问他："你为什么要把号码布别在那里呢？"

照我们一般人的逻辑，每张号码布都是自己完赛的证明，是很值得私藏的东西，甚至有些跑者会将具纪念意义的号码布裱框挂在墙上，等到亲朋好友来访时再如数家珍地一一介绍。但张嘉哲却一反常理，居然就将极珍贵的奥运号码布随兴挂在背包上，还有点儿歪歪斜斜的，随意一拧就扯得下来。

"这样才能耍帅啊！"他不是很认真地回答了我的问题，我被逗笑到合不拢嘴。但就在我还没反应过来的时候，他居然随即做了一件真的"帅到吓人"的事情……

真男人张嘉哲居然将他参战伦敦奥运的编号"3030"号码布签名送我，这举动让我见识到"帅"的真谛！

“这给你！”他将号码布拆下来、签了名后递给我。

我当场呆愣着，完全不知道该做何反应。他又说了一遍：“这送你吧！”

“我……我不能收吧？这是奥运号码布啊……”

“没关系啦，这给你做纪念，奥运我再去就有了！”

在那当下，我确定张嘉哲“台湾真男人”的称号不是浪得虚名！现在，这块号码布依然被我好好地存放在玻璃柜中，每次跑步前我都会看看它，就像能借此得到什么助力一样。我不求自己能跑得像张嘉哲一样快，我只期许自己能拥有像他一般的大气。

超越全马的挑战？

虽然过去热衷于练跑时，那种如恋爱般的愉悦感激励了我整整一年半，但第一次完跑名古屋全马后，我随即进入了一个很大的低潮期；我不知道，自己的下一个目标在哪里？我曾经尝试着让自己的跑速提高，替自己设立另一个完成全马的时间标杆，但基础能力不足始终带给我很大的挫折感。我就像是一个不懂得经营婚姻的丈夫，娶了曾经疯狂追求的校花回家后，却不知道要如何跟她相处，只好茫然地看着她离我越来越远。

能够完成全马靠的是“意志力”，令人感到挫折的事实却摆在眼前：“意志力”终究比不过“能力”。一般健康的人跑十公里可能只要花个一小时，但用一小时跑完十公里对我来说却已经是很辛苦的速度了。即使我是一名全马跑者，但我初始能力的起跑点确实不如别人优越；体育终究是体育，我只是比其他运动白痴努力，但终究是一个运动白痴。

自暴自弃的想法一一涌现，我知道自己必须将体能维持在“能够随时参加路跑赛”的状态，但当初那种恋爱般的愉悦感已不复再现。我甚至回忆起小时候的自己：打篮球投不进球、踢足球踢不到球，体积大更是让我成为被躲避球攻击的头号目标。“运动”带给我的只有自卑感，我完成了 42.195 公里，却只看到更加渺小的自己。

二〇一三年七月份的某个深夜，我来到当初自己练跑的起点。仁爱、光复、忠孝东路、逸仙路上有条几近完整正方的环状人行道，在那儿跑一圈恰巧是一点四公里，很容易计算。虽然我今日只打算小跑个三圈就回家睡觉，但我相信这短短五公里，就能让我找回当初练跑时那种纯粹的感动。

我跑着跑着，速度越来越快，夏夜的高温令我汗湿了全身……紧接着，一股熟悉的味道突然扑鼻而来——流浪汉；光复国小附近路段的长椅上，总躺着一位流浪汉，只要经过他方圆三公尺之内，都必定能闻到强烈的气味。我确信那气味不是来自肮脏的衣物或围绕在他四周的“家当”宝特瓶、纸张、报纸，我确信异味是来自于他那个“拒绝社会化”的反叛生命意识。可能他的身体机能已经崩坏了，但却总是维持着再正常也不过的生活作息；每当我深夜在那路跑，总看到他已经就寝，反观只为了“证明自己”而跑着的自己，实在是庸俗至极。

我很感谢那名流浪汉，每当我跑过他身边时，都是我逃离自己的片刻休息时光。我捂着鼻子，在那一刻，我不会去思考自己有多脆弱之类的问题。就某种程度而言，奔跑在令人毫无环境记忆的路径之上，往往比在恶劣天候中还令人感到害怕；因为你必须与自己对话，你没有地方可逃。

当我回过神来、看看左手腕上的 GPS 手表时，发现自己居然已经跑了十二公里。这十二公里，我一如往常跑得不快，也没有跑得比较轻松，但我却花了整整一个多小时在检视自己，我因此感到很完满。这就足够了，“因跑步而圆满了自己”，这无非就是跑步所追寻的最终意义。我依然想为自己设立下一个实际目标，例如在十年之内完成一场八十公里以上的超级马拉松赛，但无论目标是什么，我确实已经着迷于奔跑本身了！我想体会脑内啡分泌的感觉，所以如嗑药一般迷恋着奔跑这仪式。

那名流浪汉至今还熟睡在相同的位置；对他来说，在这一年半间，世界并没有任何改变……对我来说也没有。无论是过去孱弱的自己，抑或是现在意志坚强的自己，我们都是人生跑道上的跑者。当不知道该做些什么时，就跑吧！想那么多干吗？

全世界距离最长的马拉松接力赛

二〇一三年八月，历经十二个小时以上的飞行，我与来自北京、上海、香港、广州的朋友们一同来到美国奥勒冈州的波特兰市（Portland, Oregon）。

“你来波特兰做什么？”就与美国各大机场一样，下飞机通关时，波特兰机场的海关人员会向旅客询问例行性问题。

“我来参加 Hood to Coast……”

“喔？那你跑第几棒？”

“我跑第一棒。”

“嗯……第一棒是很陡峭的下坡，不好跑喔！”

海关人员居然主动与我讨论起棒次细节！可见这场赛事对波特兰城的居民来

说，无非为一年一度的大事！

Hood to Coast 马拉松接力赛是全世界距离最长的接力赛，全长三百一十五公里，由一队十二名跑者共同接力完成；虽然每个人只须负责约三十公里，而且是拆成三个棒次分开跑，但整场赛事的地形变化相当大，而且中途完全没间断。每支队伍都将会驾驶两台厢型车，每台车上各坐六名选手、一名司机，只要一名选手跑出去了，整台车就要移动到交棒点将下一名选手放下去接棒；一台车六名选手都跑完后就轮到第二台车开始跑，但在第二台车的选手完成之前，第一车又必须长距离移动到第十三个交棒点预备……总之，就是在三十六个棒次轮完之前，所有人都不得休息。

已经举办了三十几年的 Hood to Coast 是场具有历史性的盛会，每年都会有一千多队（也就是一万多人）报名参加，其中还包括已经连续参加了十几年的当地队伍，他们总是常胜军。

“接力赛”不只对我而言新鲜，就连其他十一名队友也都是头一次参加接力赛；我们曾在去年的上海马拉松时一起完成过二十一公里半马……是的，就是那场有许多路跑团体参与，热闹哄哄的上海马拉松。当时是我第一次体会到“跟朋友跑在一起”的感觉，我们发挥团队精神，一同从起点跑到终点。但这次，我们为自己设下了一点时间压力：我们要在二十八小时内通过终点！对我这种步速慢的人来说，“团队压力”可是远远大过于完成马拉松的自主压力！即便如此，能够与不同城市的朋友一起来到美

与其等待寻找到下一个目标再起步，不如先毫无理由地跑着，人生自然会找到方向。

在 Hood to Coast 接力赛起跑前天，我们先来到奥勒冈大学的传奇田径场“Hayward Field”参观，这里曾是名教练 Bill Bowerman 作育英才的地方。

雪山起跑点！担任第一棒的我有幸在绝世美景中起跑。

国、一棒接一棒地完成这三百一十五公里旅程，依然是值得兴奋与期待的一件事。

负责第一棒的我，在美国时间八月二十二日早晨九点从雪山起跑。就如同波特兰机场海关人员所说的一样：第一棒是个长达九公里的急遽下坡，非常不好跑！“膝盖”对跑者来说相当重要，而只要有在长跑的人都会知道“下坡比上坡难”这个道理；上坡是在考验心肺与肌耐力，但跑下坡时要是姿势与施力点不正确，就会为膝关节带来很大的伤害。

伴着奥勒冈雪山壮阔的风景与杉木林以及整场赛事所散发出的“八〇年代迪斯科欢乐氛围”（或许是因为 Hood to Coast 起源于一九八〇年代），我仅以四十几分钟就跑完九点五公里！交棒后连身为北京职业运动员的队友都称赞我跑得快。当时我没预料到的是……这是接力赛，不是马拉松……用尽全力跑完第一轮的结果，就是为第二、第三轮带来很大的身体负担！

车子不断移动到一个又一个交棒点，转眼之间，这台车的六名选手都已经跑完。我们在车上吃着香蕉与面包，虽然想稍睡一会儿，但却必须时时关切着第二车跑者们的速度，而一路上的严重塞车情形也让人急得像热锅上的蚂蚁，万一因车子塞住而无法与下一名跑者交接，那跑者跑得再快也没有任何意义了！好死不死，我本来就是一个很容易晕车的人，睡眠不足加上走走停停的车行速度更是压垮骆驼的最后一根稻草……到了下午，即将换我交接第十三棒之前，我居然因为严重晕车而呕吐了……第十三棒的地形是波特兰市区内的平地，但总长却超过十二公里。夕阳西下前的炎热高温加上虚弱的身体，这十二公里我跑得生不如死，花了一小时又二十分钟才完成。

“原来长距离不间断接力赛的难度大于马拉松啊……”

我跑在雪山的杉木林中，而身旁呼啸而过的车子都会为路途中见到的跑者鼓励。

当然不只我这样想，连同车上的职业选手跑完后也表示："这实在是挺折腾人的……"更何况那位选手，还是名能在两小时三十分内完成全程马拉松的国家级运动员。长距离接力赛的形式会让肌肉在冷却下来后被强迫重新启动，对于专业长跑者来说，这全然是一种不同领域的技巧。

精神力或许也会影响到表现？反观之下，欢乐气氛高昂的第二车跑者状况一直都很好，他们以超快速度跑完六个棒次，接着就轮到我完成自己的最后一轮：第二十五棒。第二十五棒路程不长，只有短短六公里不太陡峭的山路，但轮到我跑时已是深夜四点半，四周完全是伸手不见五指的黑暗。我必须戴着头灯、穿着反光背心，跑在连手机都收不到信号的原始森林；这确实是非常难得的体验！

不要放弃！相信你自己！你可以做到！

路途中，我遇到了一名黑人男性跑者，他的步速和我差不多，我决定与他跑在一起。他立即在黑夜中察觉了我的存在，然后开始以言语鼓励着我。

"加油！你一定可以跑得更快！"

"可是第一棒的下坡跟第十三棒的长距离搞死我了……"

那名男子一定和我跑过同样的棒次；而我们现在的步速只有每公里六分半左右，我想他应该也是被前两轮搞垮了……

"没关系，不要放弃！相信你自己！你可以做到！"

他竟然如此坚定地回答意志消沉的我，我这才突然想起：一整天的路程中，我受到了好多好多鼓励！无论是公路上其他团队的车子，或是经过身边的跑者；不论男女老幼，他们都会对眼前的其他跑者大喊加油！虽然这是场竞赛，但能在三百一十五公里中相遇实在是缘分，在黎明前的此刻，我似乎能感受到 Hood to Coast 这场世界最长接力赛的精神了。

“谢谢！谢谢你！”

我随即加快了脚步，就如同不能辜负他的鼓励一般。

当我们第一车全部完成时已经过中午了，我们先驱车前往终点线的海滩，在那边等待与第二车的跑者会合。即使二十几个小时没洗澡、没睡觉、没好好吃一顿饭……但眼见奥勒冈海边白沙与蓝天构成的绝世美景，还是令人精神为之一振。当最后一棒通过终点线后，我们开心得手舞足蹈、在沙滩上奔跑跳跃。虽然我们最终花了二十八个小时四十七分跑完，并没有达成目标，但队员们可是产生了无与伦比的革命情感。我们手牵着手在夕阳下踏浪，直至夜幕低垂。

翌日回台湾后，我累到昏睡了整整十六个钟头。至今与队友在网路上谈论起旅程中的点滴趣事时，大家仍然会热烈回应。

“把‘长跑’局限在公路马拉松实在是太狭隘了！”我如此告诉曾经因画地自限而自暴自弃的自己。

虽然不需要任何特殊形式、只要能够单纯地跑步我就已经非常满足了，但长跑的世界是很浩大的；在这个世界中，我们追求的不是输赢胜负而是“完成”的成就感，也因此，我们更该勇于尝试新事物，并为其他跑者加油鼓励。我在这三百一十五公里中看到的，可不仅只奥勒冈州的绝美风景；还有跑者的意志力，与真正的运动家精神。

顺带一提的是，Hood to Coast 中不只一个队伍有使用“弯刀义肢”的残障跑者，还有老年人、盲人……无论他们的步速是快是慢，都是令人敬佩至极的伟大跑者。

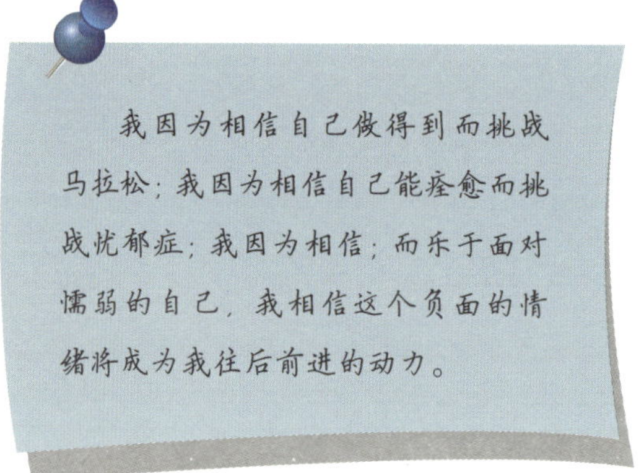

我因为相信自己做得到而挑战马拉松；我因为相信自己能痊愈而挑战忧郁症；我因为相信；而乐于面对懦弱的自己，我相信这个负面的情绪将成为我往后前进的动力。

起跑的早晨，我负责为同车上的跑者做三明治早餐。

经过二十八小时奋斗，到了终点线眼见海滩美景，成员们都神采奕奕。

终于体会到跑者的愉悦感

最终，我还是跑到了这个阶段；我指的不是马拉松，而是人生的阶段。起跑线的崎岖似乎就在预告着路途的艰难，这场赛事并不顺遂，但我依然克服了重重撞墙期，最终体会到跑者的愉悦感。如果没有其他人的鼓励，我不可能突破难关；但与其说意志力是精神上最重要的资产，倒不如说是“相信的力量”，我因为相信自己做得到而挑战马拉松；我因为相信自己能痊愈而挑战忧郁症；我因为相信，而乐于面对懦弱的自己；我相信这个负面的情绪将成为我往后前进的动力。

有人问我："要是你当初早知道跑步能带来正向的力量，就不会受忧郁症折磨了吧？"

我回答说："要是当初没有经历过生命的低潮，我现在也不会体悟到长跑的美好。"

因为我曾摔了一跤、跌落谷底，很痛很痛……于是当我爬出来后看到的世界，远比从未受过伤的人还来得美好。生命的历程是不可预测的，但就跟马拉松一样，重点在于完成它。正因为有爸爸、妈妈、谭大宝、朋友、启发我的跑者，以及所有曾给予我鼓励的人，我才能够持续跑下去、我才能够持续挑战这条看不见终点的人生路。

我认为人之所以生而为人的目的，就是在影响其他人；我因为受到很多人的正向影响而重生，于是今日，我也希望能尽自己的力量去影响其他人。我自诩为一名"长跑传教士"，就算我脚程不快、跑步的姿势不好看，但我只想尽自己的小小力量，去告诉那些和我过去一样曾深陷泥沼，甚至是失去信心的人说："你看，连我都能跑了，你一定也可以！"

未来，我可能会遭受到很大的挫折、可能会受伤、可能会失落，但只要我还在生命这条赛道上，我就不可以放弃前进。

最受欢迎的跑步专栏作家约翰·宾汉（John Bingham）[①]说过一句话："奇迹

---

① 美国马拉松跑者、作家，著有多本著作。他推动追求长跑单纯的愉悦感，而不是追求速度与成绩。

不在于我跑完了，奇迹在于我有勇气起跑。”

我现在发现，这一切历程都不是奇迹；而是可能发生在每个人身上的。长跑是上帝给人类的恩赐，却也从来没有任何一种运动能像马拉松一般，这么简单，却带给人们这么多启示。

“跑者的愉悦感”可能很快就会消失，但就像周期轮回，我可能将再度遇上撞墙期、再度突破……就算遇上道路中断也不打紧，因为我相信；人生无论在什么时候，都会有一条路，等着你重新站上起跑点，继续前进。

“我学到无论跑步与人生都没有所谓失败，
只要你拒绝停下来。”——波士顿马拉松冠军，安比·波尔富

“I have learned that there is no failure in running,
or in life, as long as you keep moving.” —AMBY BURFOOT

PART 3
RUNNING IS
打造完美的跑步生活

A LIFESTYLE

3-1

RUNNING APPAREL & GEAR

跑步时尚穿搭

将时尚穿搭元素融入运动生活之中，女孩们会更加爱上路跑！

与大部分体育项目相较起来，跑步真的是个“低成本”的运动；几乎只要穿上运动鞋、套上现有的休闲服装就可以进行，根本不需要另外购置昂贵的器材与设备。但老话一句：工欲善其事，必先利其器；对于刚开始接触路跑活动的女生来说，了解“专业穿搭”的正确性，将能避免长时间运动后对身体带来的不良影响。

就拿我自己的亲身经验举例：我刚开始在夏夜练跑时，上半身总是穿着舒服的棉质T恤，到公园跑个二十分钟，然后步行三十分钟再回家洗澡。刚跑完时会觉得汗湿的上衣变得很重，对于当时来说影响不大，但在进入秋冬之际、气温骤降，问题就来了：湿透的棉质上衣久久不干，在寒风中冷冰冰地贴在身上……走路回家前果然就受寒感冒了！我这才知道，原来各大运动品牌推出具“吸湿排汗”功能的跑步服还是有其必要性。比棉质轻量化不但能减轻跑步时的身体负担，快干材质也能防范夏季体温过高或汗液残留在皮肤上的不适感。如果只是跑个一两公里可能没什么，但只要跑超过三公里以上，你就能发现这些“小小的不舒服”将会变得很巨大；更何况是数十公里的马拉松。

再举一个例子：以前我完全搞不清楚跑者所穿的“专业紧身贴腿裤”到底有什么用途？后来才知道，在长时间运动时，穿着具有肌肉分段加压功能的Legging确实能提高肌肉耐力、减低长跑后的疼痛感。除此之外，在视觉上还能有修饰身材的附加价值。

人们总误会长跑是件无趣的事，但若能在不失机能性的前提之下，将时尚穿搭的元素融入运动生活之中，我想女孩们应该会更加爱上路跑！

过来人经验谈

刚开始跑步时我不太重视运动服装的“外观”，总觉得只要舒服就好；结果开始参加路跑赛后，才发现原来好多女跑者都会装扮得很可爱！让我对于“随便穿穿”的自己实在是感到很惭愧……玩乐时会尽心打扮，运动时也应该如此才对！我在世界各大都市都曾看到精心穿搭的女孩在跑着，她们的阳光朝气本来就能感染许多人了，但美丽的外在更是加分。以往机能性服装的选择不多，但现在各大运动品牌都推出了许多功能与美观兼具的跑步服，只要善加搭配，就可以让路跑成为如派对般的趣味活动！**顺带一提：穿着专业服装除了能提升运动效率之外，也能让自己“看起来很厉害”。既然已经穿得很厉害了，怎么能不真的厉害呢？在改穿专业服装之后，我的练跑动力也大大提升了！**

ROUND 1

QUESTION & ANSWER

关于跑步穿搭

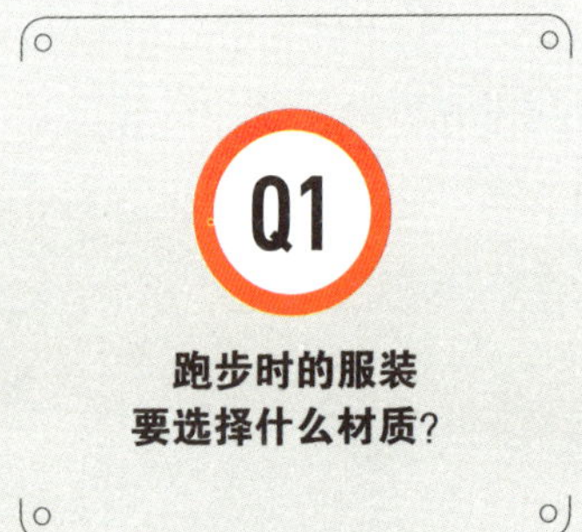

跑步时的服装要选择什么材质?

A 跑步服装最好是选择具有“吸湿排汗（Dri-Fit）”机能的材质，避免穿着无法排汗、慢干的棉质衣物。而粗麻、单宁牛仔布之类硬挺的布料更是千万不行！长时间运动下，过硬的布料可能会造成皮肤磨伤。如果是在冬季路跑，可以加件风衣外套预防体温流失。要注意的是，Dri-Fit 布料在洗涤时不可以使用柔软剂，因为含矽的柔软剂会附着于纤维细缝中，破坏衣物原有的吸湿功能。

Q2

跑步服装要选择什么颜色比较好?

A 一般来说，我会建议选择亮色系的衣服，不但看起来有朝气，也能兼顾安全性；倘若想选择黑色、深色系等看起来较酷的跑步服，也请务必选购有“反光条”设计的服装！我曾在某次深夜路跑时，差点与一名跑者正面高速相撞，只因为我们俩都穿着全黑没反光的衣服……与人相撞事小，如果让汽车驾驶者看不清楚可就糟糕了！跑步服装的颜色选择还是取决于个人风格，我喜欢在春天穿粉色系、夏天穿看来清爽的蓝色系，秋冬就把最具机能性的大地色系装备穿上身。

A 维持身体的基础体温对减肥确实会有帮助；为了保护内脏机能的安全，人体在温度较低的状态下会自动堆积脂肪、造成体脂肪上升，所以冬天跑步保持身体温暖是很重要的。坊间长久流传有“穿雨衣跑步减肥”的说法，但这种做法有一定程度的危险性，在夏天施行甚至有造成中暑的可能！而身体减去的体重也大都是水分，并不是脂肪。总之，要提高跑步减肥效益与其多穿衣服，倒不如维持每周三次、每次三十分钟以上、心跳达到一百三十下的“三三三”运动频率。

A 坊间运动用品店都有各种长度尺寸的慢跑裤可供选择，有的是轻量化的 Dri-Fit 材质，也有紧身的款式。其实慢跑短裤的机能性不需很高，但在选购上有几个重点：

① 不能过长，否则跑步抬腿时，裤缘与大腿前侧摩擦会产生不舒服感。

② 腰带部分不能过紧过松，材质也要柔软、不能摩擦腰部。

③ 可以选择有附暗袋、拉链小口袋的款式，路跑时可把钥匙零钱放里面。

A 跑步专用紧身裤有两种：一种是不具机能、纯粹御寒与搭配用，另一种则有特殊分段加压设计、“控制”肌肉群、改善乳酸堆积（较不易酸痛）。后者的价位会比前者高上很多，专业级的跑步 Legging 一条甚至要五千到近万元台币。至于选择方面，我觉得还是看个人所需，如果你今天是要在秋、冬季做十公里以内的路跑训练，或许只要御寒功能就足够了；但若要挑战马拉松，就可以考虑购置一条机能性紧身裤。

SPRING COLLECTION
春季穿搭

春暖花开令人心情愉悦，在这个温度适中、天候良好的时机，不妨特别到郊外富有美丽景色的地方慢跑！虽然台湾的春季并不长，但依然是路跑赛旺季；三月份的“新北市樱花马拉松”就是这个季节具代表性的国内赛事之一，赛道沿途都能看到美丽的山樱花与桃红杜鹃，无论身体跑得再疲累，心灵也能受到美景疗愈。以国外赛事来说，邻近台湾的韩国在四月份也有场“庆州樱花马拉松赛”，参加过的跑者都对其满山满谷的花海感到印象深刻。无论有没有计划参加路跑赛，三四月份都应该起个大早路跑去！

春天对女生来说就是个充满樱花般淡粉色的季节，穿着主色调可以选择粉红色或者如暖阳般的亮黄色。略带凉意的气温之下可以在短裤内另外搭配一件紧身裤，上衣则是舒服的吸湿排汗短袖T恤。如果要多加一点变化，可以将紧身裤换成长统袜，或是戴上兼具装饰性与功能性的发带。跑鞋建议选择亮色系的编织款式，轻盈又有活力。

台湾春天不常下雨，但太阳稍大，女生在路跑前还是要擦上防晒油。另外有过敏体质的人，则必须避开有花粉、棉絮飘散的地方；即使是在田径场练跑，只要能享受到许久未见的阳光就是件幸福的事。

FLYKNIT
IS FOR
WINNERS

SPRING COLLECTION

HOW TO WEAR IT?

A

穿着主色调可以选择粉红色或者如暖阳般的亮黄色，轻盈又有活力。

1 **吸湿排汗 T 恤：**春天建议穿着吸湿排汗的短袖 T 恤。

2 **慢跑短裤：**慢跑短裤可以选择轻薄飘逸的款式，或是慢跑裙。

3 **七分紧身裤：**如果天气稍凉，可以选择跑步专用七分裤紧身裤款式做搭配。

4 **运动发带：**兼具装饰性与功能性的运动发带，不但能预防跑步时头发乱掉，也能增加穿搭变化。

5 **运动胸罩：**运动胸罩可以选择与跑鞋同色系的款式，跑步时微微露出小心机。

6 **轻量化编织跑鞋：**干爽气候建议选穿轻量化的编织跑鞋，颜色则可以选择亮色系，看起来健康有活力。

7 **跑步专用长统袜：**天气温暖的话，不妨用短裤搭配粉色系的跑步专用长统袜。

4

ACCESSORIES

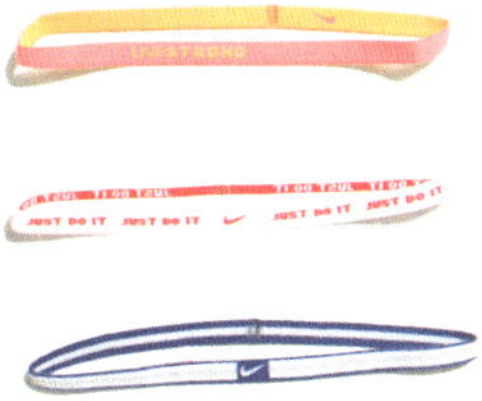

6

SHOES

5

BRA

7

ACCESSORIES

SUMMER COLLECTION
夏季穿搭

台湾的夏季长、温度也高，偏偏夏季对跑者来说却是最辛苦的季节；在动辄三十摄氏度以上的高温下，通常只要跑到冬季练习量一半的距离，就会因汗流浃背而感到疲累。也因此，夏季服装在穿搭上须更加重视凉爽透气的机能性，身上也不必携带太多装饰性的配件，反倒要注重水分补充、随身携带水壶或毛巾。

自五月份开始，台湾各地都会举行距离较短（五到二十一公里）的路跑赛，甚至还有高娱乐性的主题夜跑活动；刚开始跑步的女生若要踏进路跑赛世界，就要好好把握夏天的机会。国际赛事方面，六月份在泰国举办的“普吉岛国际马拉松”算是世界知名的赛事；除了跑马拉松之外，也可以顺便来个 Villa 度假村的 SPA 行程。另外八月份在日本札幌也有场“北海道马拉松”，对于大多数跑者来说，夏季在高纬度的北海道跑起来可是相对舒适多了。

如果要在夏天练跑，我会建议将练习时间改在日落之后，除了气温较低外，也顺便省去防晒遮荫的麻烦。夜跑时最要注意的就是安全，身上一定得穿着具有反光涂料功能的衣物！如果要在白天练跑，最好是能起个大早，在五六点左右的清晨就开始起跑，免得因中午温度过高而产生中暑情形。

SUMMER COLLECTION

HOW TO WEAR IT?

B

注重凉爽透气的机能性，不用携带太多装饰性配件，要注重水分补充。

1 **七分紧身裤：**夏季跑步专用紧身裤可以单穿，不必在外面另外搭配短裤；总之以追求凉快作为最高原则。

2 **跑步背心上衣：**跑步上衣尽量选择布料轻薄、透气的款式。

3 **运动胸罩：**运动胸罩可以选择亮色系、能够外露的款式，对身材有自信的女生跑步时也可以单穿运动胸罩，不用穿上衣。

4 **跑步专用帽子：**夏天跑步时戴着帽子能够防晒，也能避免阳光刺眼影响视线。

5 **弹性编织赤足跑鞋：**因为气温高，不建议初跑者做太长距离的练习，穿着赤足感受的跑鞋更能让跑者在短距离练习内提升跑感，锻炼自身肌力。

1

LEGGING

2

TOP

3
BRA
4
ACCESSORIES
RUN
SHOES
5

AUTUMN COLLECTION
秋季穿搭

熬过了高温闷热的长长夏季，跑者最期待的秋天终于到来。台湾的秋天约从九月底维持到十一月，仅有短短不到三个月时间，却是气候凉爽、空气干燥，路跑起来最舒服惬意的时节。这段时间可以开始为了冬天的路跑赛季做准备，做一些长距离的 L.S.D. 长距离慢跑训练；以轻松、不喘的速度连续跑个九十分钟到两小时以上，在冬季前储备好马拉松所需的充足耐力。

台湾秋天有名的赛事包括在南投信义乡举行的“葡萄马拉松”，除了路径沿途能看到的南投山区美景外，满满的美食更是这场马拉松的一大特色！当季的现采葡萄、原住民烤山猪肉、小米酒……被跑者美称为“办桌马拉松”的葡萄马绝对能满足食欲之秋的味蕾。另外在国际上，“世界六大马拉松”也纷纷从秋季依序展开，九月份的德国“柏林马拉松”、十月初的美国“芝加哥马拉松”都在跑者一生中一定要跑过的名单之列。

在跑步时的穿着搭配上，秋季可以选择舒服的薄长袖，或是加件跑步专用、具吸湿排汗机能的薄夹克，长袖服装可以选择袖口有开洞设计的款式，将大拇指穿过去可以避免奔跑时袖子上卷。下身的穿着则可以延续夏季氛围，以舒适的七分紧身裤做搭配。

C

AUTUMN COLLECTION

HOW TO WEAR IT?

穿搭以吸湿排汗的长袖或薄外套为主，可选舒适的七分紧身裤做搭配。

1 **七分紧身裤：**跑步专用紧身裤可单穿，也可内搭在慢跑短裤里面，增加层次感。

2 **跑步专用夹克：**如果天气略凉，可以穿上跑步专用的吸湿排汗薄夹克。

3 **慢跑短裤：**秋季慢跑短裤与夏天一样，重视轻薄与透气。

4 **连帽长袖上衣：**上衣可选择连帽薄长袖，舒适性很重要。袖口有开洞设计会方便许多；让大拇指穿过去，避免跑步时长袖往上卷。

5 **运动胸罩：**运动胸罩记得要选择中、高强度的款式，以应付身体长时间训练的震荡。

6 **弹性编织赤足跑鞋：**在重视训练的秋季，一样要穿上能锻炼自身“脚力”的赤足训练鞋，为即将到来的赛季好好做准备。

4
HOODY
CHOP CHOP CREW
DRI-FIT
SHORTS
3
5
BRA
6
SHOES

WINTER COLLECTION 冬季穿搭

许多运动爱好者最讨厌的季节就是冬天，失去了阳光的冬天，似乎少了那么点活力？但对于长跑跑者来说，冬天却是一年之中最热闹的季节，不但世界各大马拉松、路跑赛事都纷纷于这个季节举行，冬天冷冽的气温更能提升跑者们的斗志与动力。我自己当初之所以会下定决心要跑马拉松，也是因为奔跑在一个寒冷冬夜的彻悟。冬天长跑不但能保持头脑清新，也会因运动时体温得到制衡而有更好的成绩。

属于“世界六大马拉松”之列的其中两马都是在冬季举行：美国“纽约马拉松”、日本“东京马拉松”。在亚洲越来越受到瞩目的“厦门马拉松”与“香港马拉松”也是冬天的赛事。台湾本土方面，则有最具代表性特色的“太鲁阁峡谷马拉松”，以及每年都多达数万人参与的“台北马拉松”。如果对于自己的体力没自信，却又想体会全程马拉松氛围的初阶跑者，十二月份的夏威夷“檀香山马拉松”就会是一个好选择；整场赛事约有高达九成以上的跑者是日本人与亚洲人，而且完全没有完跑时间限制！

冬天跑步时的穿搭重点是：保暖、防风、反光。由于冬季北半球日照时间较短，具有反光安全涂料的机能性产品便显得非常重要。跑步时除了穿得暖，也要注意外衣的透气性，免得因汗液无法散出而使体温骤降，造成跑者着凉感冒。

D

WINTER COLLECTION

HOW TO WEAR IT?

穿搭以保暖、防风、透气为主，选择有反光安全涂料的产品也很重要。

1 **运动胸罩**：冬季运动胸罩要以舒适度与支撑度为最大考量，款式外色其次。

2 **慢跑短裤**：为了提升慢跑短裤的多层次穿搭作用，可以选择与外套或鞋子同色系的款式。

3 **反光防泼水赤足跑鞋**：跑鞋可以选择具有反光功能的款式，而在冬季容易下雨的台湾，防泼水、防污功能也相当重要。

4 **手套**：跑步时手指末梢神经容易感到寒凉，此时跑步专用手套就能派上用场。

5 **反光防泼水外套**：为了跑者安全，冬季跑步专用外套最好要有反光涂料，材质也要是防风、防泼水却兼具透气性的。

6 **连帽长袖上衣**：上衣可以选择高领套头或连帽的款式，帽子最好要能调整大小，以备防风之需。

7 **九分长紧身裤**：跑步专用紧身裤可以选择厚质长裤款，或是更具压缩机能性的款式；有些运动品牌在冬天还会推出有“吸湿发热”功能的 Legging。

1 BRA

2 SHORTS

3 SHOES

4
ACCESSORIES
5
JACKET
6
HOODY
7
LEGGING

ACCESSORIES 跑步常用配件

跑步的时候，身上的装备当然是越轻便越好。一般我们在参加路跑赛时，主办单位都会准备“衣保袋”让参赛者在起跑前先寄物，跑者只要两手空空上路，反正沿途四周都会有补给站提供杯水与食物。相较之下，跑者平日在河滨公园做 L.S.D. 长距离慢跑训练时反而比较麻烦，如果找不到亲朋好友愿意骑车来当“水车”或“移动补给站”，势必得自己随身携带水壶、手机与钥匙等小物，此时这些随身配件的机能性就变得非常重要。举例来说，跑步专用的腰包就与脚踏车运动的腰包不同，必须更加轻盈、贴身，才能将跑者的负担减至最低。

我是一个会在随身包包内装满一大堆杂货的女生，卫生纸、OK 绷、护唇膏……几乎少带任何一样东西都会失去安全感；对我来说，跑步时势必得做出取舍，精简到最小单位！而这些“必须”或“次需要”物品清单也是从一次又一次的经验中汇整出来的；记得在跑名古屋马拉松时，跑过三十公里后突然下起倾盆大雨！等我缓缓到达终点线，脸上连用防水眉笔画的眉毛都不见了，模样极度凄惨！反观同行的日本女生居然像是刚刚补过妆一样……我这才察觉到，是帽子！她们戴了帽子！天有不测风云，从此之后，每当我只要计划跑长程马拉松时，都会戴上跑步专用的帽子，不但避雨，还可以遮阳。

CHOP
CHOP
CREW

ACCESSORIES

HOW TO USE IT?

路跑配件必须精简到最小单位，轻盈、贴身才能将跑者负担减至最低。

1 **毛巾：**跑步时一定会大量出汗，参加路跑赛时，我建议将条毛巾放在衣保袋或寄物处，等到达终点后就可以立即使用。保持身体干爽是非常重要的，尤其在马拉松赛季的冬天，一旦着凉可就得不偿失；女生跑完步请一定要赶快将汗湿的头发与上身擦干。

2 **手机运动臂套：**为了安全，跑步时我还是建议女生必须携带手机！尤其是当你独自夜跑在河滨公园时！此外，智慧型手机也可以身兼随身听或者是 GPS 记录的功能，如果你没有 GPS 手表，只要下载路跑专用的 APP 就可以达到相同功效。跑步时要把手机带上身确实不太方便，如果有手机运动臂套问题就可解决。

3 **GPS 手表：**GPS 手表可以记录每次户外路跑时的地图，也可以让跑者随时查看自己的路跑时间、距离与配速，也是我在路跑时一定会携带的必要配备。目前市面上有多款 GPS 手表可供选购，价格相当合理；购买时要注意它支持的 GPS 系统是否准确，防水功能与耗电量等。

4 **防水运动耳机：**许多跑者在路跑过程中都会听音乐，除了排解无聊外，也可以转移注意力，别让自己专注在疲劳上而产生怠惰感。市面上有许多运动专用的耳机，有的是音质取向，也有强调安全性（可听到外面声音）的款式。在选购上要注意是否有防水功能？耳机线是否容易缠绕？耳机是否容易脱落？如果是无线款式，则要考量电池续航力。

5 **FuelBand：**FuelBand 可以解释为是种“高科技计步器”，它以一些精密的计算方法记录你一整天的运动量，也可以依个人资料（身高、体重）推估出所消耗的卡路里。虽然跑步时并不需要携带这项道具，但日常却可作为激励自己多运动的依据；毕竟每日的活动量都被数字量化后，是否足够一看就知道。

6 **轻量化贴身腰带：**现在许多专业慢跑裤都会有小口袋、暗袋的设计，让你放零钱、钥匙等小东西；但如果没有口袋的话，就可能会需要一个小腰包来放杂物。跑步专用的腰包为了达到“轻量化”与“贴身”目的，多少必须舍弃一些存放容量；但对放置小物来说已经绰绰有余。选购时须注意运动时会不会因震动摇晃造成摩擦。

7 **幸运物：**参加路跑赛时，你可能会发现有很多选手穿着其他路跑赛的完赛 T 恤，除了炫耀成分之外，有时候也具有种幸运符的意义。虽然说起来有点迷信，但我会将自己首次跑马的号码牌拿给我崇敬的选手签名，希望能沾染到一些跑者的力量。这条 Tiffany 项链是我第一次完成半马赛的完跑礼（跑女子全马时又拿到了一条），我将它当作自己的幸运物。

8 **运动专用太阳眼镜：**在大太阳下跑步除了可以戴帽子遮阳外，戴上运动专用的太阳眼镜更能达到保护眼睛的目的。在某些天候与特殊环境下（夕阳直射、雪地、路面反光），戴太阳眼镜才能看清道路，如果遇到下雨或沙尘，也可以预防跑步时异物掉进眼睛、保护自己的安全。在选购时请务必选择“运动专用”的太阳眼镜，并注意是否会脱落？长时间戴着是否会造成不适？

9 **防晒乳：**虽然女生跑步最怕晒黑，但除非要在烈日中跑上好几个小时，不然防晒乳只要在出发前擦过就好了。选购时要买高系数、具有防水防汗功能的品牌。运动完沐浴前请记得先以卸妆用品清洁，以免防晒成分卡在毛孔造成皮肤阻塞。

10 **毛巾布护腕：**跑步时不太可能会造成手腕负担，于是带护腕的目的与其说是“护腕”，倒不如说是为了擦汗之用。长时间练跑我不建议戴着护腕，因为湿透的毛巾布可能会因闷热造成手腕皮肤过敏。

11 **水壶腰带：**一般参加路跑赛时因为有提供水站的关系，跑者不太需要自己携带水壶（除非是为了装能量饮品）；但若是在平日做长程训练或是参加越野马拉松时，水壶就变成必需品了。补充水分对跑者来说相当重要，如果水分不足、体内电解质不平衡，将可能会造成抽筋或中暑情形！

1
2
3
14
59
4
The Athlete's Headphone
iSport
5
6
7
TIFFANY&CO.
NWM
2012
8
9
10
11

3-2

ABOUT RUNNING SHOES

跑鞋与跑步之间

设计良好的跑鞋
能降低运动伤害、
更能增进训练效率、
提高运动表现！

对跑者来说，全身上下最重要的地方就是足部，而跑鞋则是保护足部的第一关键。穿上一双设计良好的跑鞋，不但能降低运动伤害，更能增进训练效率、提高运动表现。以往跑鞋在外观上没有太多选择，但现在各大运动品牌都推出了女性专属的漂亮跑鞋，有亮粉色设计、渐层图案、夜光，甚至是编织造型等，让女孩们在追求机能性的同时也能兼顾美观。我有些男性朋友甚至因此大叹："为什么女生的跑鞋越来越好看了？"无奈大多数男鞋都有生产成年女性也能穿的小尺寸，但女鞋却没有男生也能穿的大尺码……所以这也算是我们女跑者的特权之一吧？顺带一提，有些高科技跑鞋会针对男女脚型与跑步习惯不同，而在设计上有所区别；因此跑鞋在选择上也算是男女有别。

以我自己来说，我刚开始练跑时，依据运动用品店员的推荐，选购了一双轻量化、薄底、接近赤足感受的鞋款。往后这款鞋陪我征服了台北十公里女生路跑，以及旧金山、台北、上海的二十一公里半马，最远跑过三十六公里的 L.S.D.。或许是因为习惯赤足般的训练，自己本身的足部肌肉有被充分锻炼到；之后在挑战全马时换穿缓冲度较高的鞋款后更有种如虎添翼的感觉。

由于《天生就会跑》这本书引起的轰动，让海内外路跑界都掀起了一股"赤足跑"的风气；但赤足训练对于跑步初学者来说实在稍嫌困难，鞋子能带给初跑者足部的"保护作用"依然相当重要。女生跑步时常遇到的疑难杂症包括"膝盖痛"、"足底疼痛"等，问题成因的最大可能性是"跑步姿势不正确"，但若穿着适当鞋款，多少能得到部分改善。

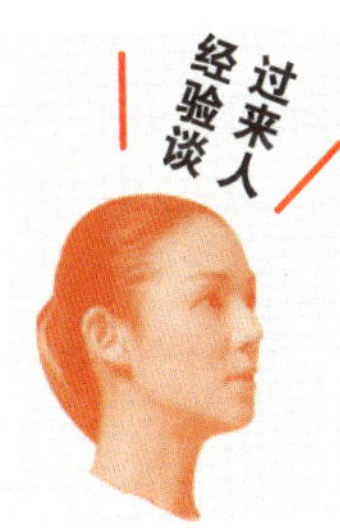

我在过去是个从来都不运动的人，因此对运动鞋选择的概念是近乎"零"，这时候我发现"信任专业"是件非常重要的事！有任何疑问，询问运动用品店员就对了！受过专业职训的店员往往非常熟悉各款鞋子的性质、功能取向。也因此我认为女生想首购跑鞋的话，与其到大卖场、Outlet 购买，倒不如找运动品牌直营店或合作经销商，店员都会很有耐心地为你一一解说。**顺带一提：买跑鞋时要考虑自己的"穿袜习惯"，习惯不穿袜的跑者可以请店员推荐赤足也 OK 的鞋款，而习惯穿厚袜的跑者要记得选购大半号的跑鞋；试穿时也要穿着平常跑步时会穿的袜子。**

ROUND 2

QUESTION & ANSWER

关于跑鞋

买跑鞋时首要该注意哪些事项？

A 首先要选择鞋款，平常练跑建议穿薄底的训练鞋、马拉松赛就穿较有缓冲度的厚底鞋款，如果你是膝盖受过伤的人，另有气垫底的跑鞋可供选择，越野跑或田径场也有专用鞋。总之记得先把自己的需求告诉店员，请专业人士代为挑选。在选好鞋款后记住一定要试穿！在店内走个十分钟，看看有没有哪里不舒服，千万不要因为款式漂亮就牺牲舒适度！

为什么不能穿篮球鞋、帆布鞋跑步？

A 每种专业鞋都有针对该运动做的设计，功能取向不同，若穿错鞋款轻则影响运动表现、重则会造成运动伤害，是不可以等闲视之的事。篮球鞋强调避震性，在设计上重量会较重，穿来长跑不但会造成肌肉负担，也无法训练自身足部的力量。另外常见女生会穿着帆布球鞋（文青鞋）运动，这是件非常危险的事！帆布鞋在设计上无法支撑脚踝，容易造成扭伤；等齐的平底设计可能会造成足弓发炎，甚至伤到后肌腱。建议女生们要跑步的话，还是得选购一双专门跑步用的鞋子。

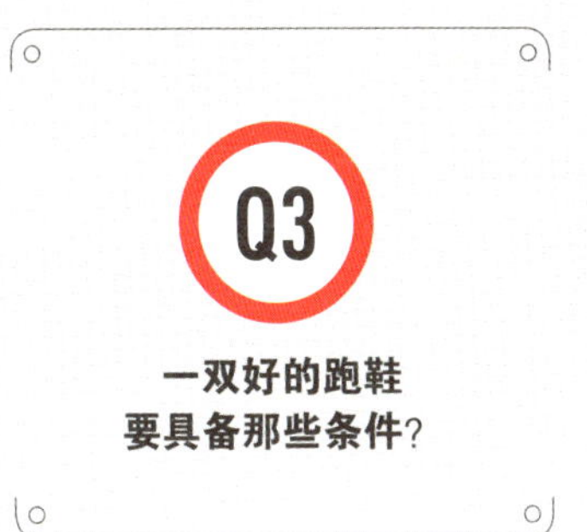

A 一双好的跑鞋，除了鞋底机能性能符合跑者的需求之外，重量还要“越轻越好”；现在市面上已经有出现仅重一百六十公克的高科技跑鞋，让跑者几乎感觉不到它的存在。再来“包覆性”也相当重要，在经过长时间慢跑后，鞋面依然不会松脱才是关键。另外一些小设计也会有大影响，例如一体成型的鞋舌、柔软的鞋后跟（不会造成皮肤摩擦）、鞋面的防污防泼水设计、安全反光涂料等。

A 跑鞋最好的保养方法，就是“常穿”，不能买了双跑鞋放在那边不穿任其氧化。如果你是个每天都会练跑的人，最好一次买两双跑鞋换穿；跑鞋最忌湿气，跑完后记得将报纸捏一捏塞进鞋内除湿、放置在干爽通风的阴凉处，隔天再穿另一双鞋练跑。如果鞋面脏污不严重，用湿纸巾擦拭清洁即可，鞋底用高科技泡棉摩擦。脏污很严重的话，可将跑鞋泡在水盆中（记得先把鞋垫拿出来）、用牙刷沾中性清洁剂刷洗，之后再自然阴干，不可热烘。

A 跑步的袜子厚薄以个人习惯为主，厚袜子有避震与吸汗功能，但以我自己来说，我还是习惯穿薄的五指袜，因为五指袜在长时间跑步下能有效避免脚趾间的摩擦。低筒的袜子好看，但高筒的袜子较能预防鞋子摩擦到脚后跟的情形。现在市面上有贩售跑步专用的特殊加压长筒袜，虽然价位较高，但能改善乳酸堆积与预防脚板抽筋，而且相当耐穿。

BAREFOOT / MINIMALIST RUNNING SHOES
赤足薄底鞋款

赤足薄底鞋款的好处在于能锻炼到自身的脚部肌肉，很适合作为训练鞋之用。虽然没有什么避震性，但初学练跑时若能习惯穿着这种鞋，将可以明确了解自己在跑姿上需要改进的地方。柔软的薄底鞋“适脚度”很高，无论是哪种脚型都适合，除了跑步之外，作为逛街、长时间走路之用都没问题，极推荐作为女生的第一双跑鞋。一般来说会建议穿着这种鞋款做室内训练（跑步机），或是每日十公里以内的长、短跑训练，但我也曾穿这双鞋跑过三十六公里的 L.S.D. 长距慢速跑，所以若是自身脚力有经过锻炼，薄底鞋一样可以跑马拉松。就与时下流行的赤脚跑概念一样；穿鞋却能避免踩踏到尖锐物、脏污的危险性。

鞋底

赤足鞋底有区分不同厚薄度，数字越小代表厚度越薄，越薄的底避震度越低，适合在田径场 PU 跑道或室内等平坦的场地练习。这种跑鞋底的特色是极度柔软，能够被完全反折；也因此连脚趾着地时的力量都能锻炼到。穿着时要避免踩到泥泞、脏污，因为污垢卡在鞋底凹缝里将会不太容易清理。

鞋面

这种鞋面设计最大的重点在于“轻量化”与包覆度，一体成形弹性编织的好处是能完全避免掉“不合脚”的情形；无论有没有穿袜、鞋带有没有绑好，都不会在练习过程中产生因为鞋带脱落、鞋舌歪掉等意外造成中断。

1

2

LIGHTWEIGHT / PLATFORM RUNNING SHOES
轻缓厚底鞋款

轻缓厚底鞋款比起赤足鞋款拥有更高的避震性，更适合初阶跑者作为长跑之用。我一向习惯穿薄底鞋练跑，但在挑战四十二公里全程马拉松时改穿厚底鞋，完跑后足底疼痛的情形得到了非常大的改善。一般我会建议女生在长程跑训练时都穿这种鞋底，因为“缓冲”与“稳定度”是避免跑步运动伤害的重要关键。除了这种Q弹的橡胶鞋底之外，另外还有种气垫底设计的跑鞋，适合膝盖曾经受伤或是需要更高避震度的跑者，例如老年人或体重较重的跑者。

1

鞋底

这种鞋底在足跟与前脚掌底的位置都设置了避震系数最高的材质，让跑者即使在长时间的运动下，依然能保护好足部与脚踝关节。建议买回来之后要先多穿它散步几次，让鞋底变柔软之后再开始作为练跑鞋之用。

2

鞋面

鞋侧编织的特殊线条能提供支撑力，轻量化也是很重要的关键。要注意的是，这种一体成形编织型的鞋面较不适合在下雨或碎石子多的路面奔跑，因为雨水与异物很容易渗入鞋内造成跑者不适。若要在雨季或特殊地形越野跑的话，可以另外选择有泼水防污涂料的布质鞋面。

1

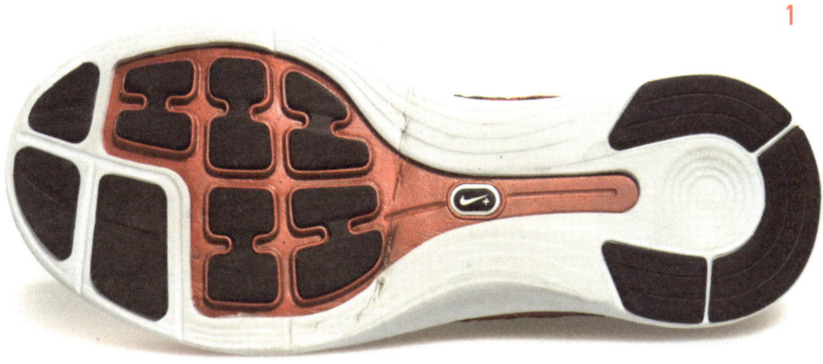

2

3-3

ABOUT SPORTS BRA

女生和运动内衣

全身从头到脚
最必要的配备，
让运动内衣也成为
跑步穿搭时的一种乐趣——

女生跑步时的装备可多可少，到底哪样东西最为重要？最不可或缺？答案是：运动内衣（Sports Bra）。对初阶跑者而言，跑步时全身上下最重要的第一配备是跑鞋，第二就是运动内衣；但如果是对一名习惯赤足跑的进阶女跑者来说，运动内衣的重要程度甚至高过跑鞋，是全身从头到脚最必要的配备。

为什么一定要穿运动内衣呢？说来其实有点难为情，虽然乳房是上帝赐予女性的美好礼物，但对运动员来说，它却完全没有功能性，甚至会造成身体负担、影响运动表现。乳房在运动过程中的震荡与晃动可能会使肌肉拉伤、危及支撑胸部的韧带组织；于是乎具有束胸支撑力的运动内衣便显得格外重要。依据运动类型的不同，女生需要选择的运动内衣种类也不同，大致上可依强度分为低、中、高三个等级，低强度适合瑜伽、伸展等较静态的活动，中强度则是跳舞、慢跑等大部分运动，高强度适合有氧舞蹈、网球、篮球、快跑等。一般长跑建议选择中强度到高强度的运动内衣，跑速较快或是胸部较大都会需要更多的支撑力。

因为身材比较“贫乏”的关系……刚开始练跑时我不太重视运动内衣，总是穿着一般棉质无钢圈内衣就去跑步；没想到过了一段时间后，我却明显感觉到腋下前侧的肌肉有疼痛感！之后换穿专业运动内衣，这个情形不但得到完全改善，连跑步时的舒适度都大大提升、成绩也变好了。

虽然说“女生跑步必须穿运动内衣”是件不得已的事，但现在各大专业运动品牌都有推出漂亮又具机能性的款式，让运动内衣也成为跑步穿搭时的一种乐趣！

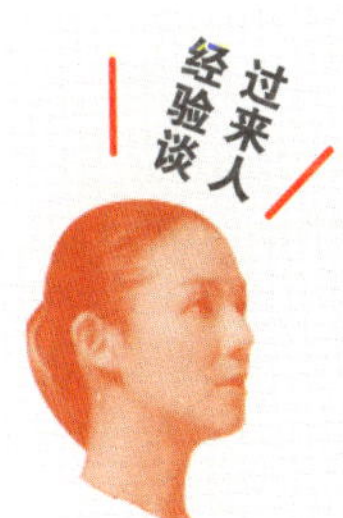

就和买跑鞋时一样，买运动内衣也一定要先试穿；如果必须网购，请记得详细对照各品牌提供的尺寸表，罩杯尺寸越大，就要选择强度更高一级的款式。市面上运动内衣的价位都不同，但只要清洁方式正确，耐穿度都比一般内衣还高。如果你是一周练跑三次的跑者，建议买两件更替换穿；倘若每天都会练跑，就再多准备一件。我自己是属于胸围宽但罩杯小的女生，跑步时会穿低、中强度的背心型款式。**顺带一提：如果你是对腹部线条有自信的女生，建议你可以试试看单穿运动内衣（不穿外衣），这样不但能展现迷人的小蛮腰，看起来也健康有活力。背心型款式的好处是不易摩擦、也不用担心脱落，坏处是穿脱起来会比较麻烦（尤其是跑完步必须脱下汗湿的内衣时）。**

ROUND 3

QUESTION & ANSWER

关于运动内衣

运动内衣在购买上要怎么选择？

A 首先要依你的运动类型与强度去做选择，一般跑步时建议穿中强度或高强度的运动内衣，才能在震荡时给予乳房肌肉比较好的支撑力。再来可依你的胸围大小选择尺寸，在穿着时感觉到紧、束胸感强才是正确的，如果太过舒适就表示强度不够或是尺寸太大，最后才是挑选款式与颜色。总之，就和买跑鞋时一样，在购买前一定要记得先试穿。

运动内衣的材质有什么区别？要怎么清洁？

A 坊间运动内衣的材质大都是混和棉质与弹性佳的莱卡（Lycra）布料，部分运动用品厂商也会自行研发专利布料，如 CoolMax、Dri-Fit 等。这些布材的机能性不外乎就是提升“舒适”与“弹性”，毕竟运动内衣也是女性内衣的一种，在长时间活动下还能保持干爽透气是很重要的。清洁方面，大部分运动内衣可以直接丢进洗衣机清洗（最好先套上网袋，并以洗标上的标示为准），但记得千万不可以使用柔软剂，免得破坏 Dri-Fit 布料本身的吸湿功能。

胸部小的人是不是就不用穿运动内衣?

A 运动内衣的主要功能是“支撑”与“包覆”，但却还有“防摩擦”的附加价值。举个例子来说：许多大型马拉松赛会提供选手“胸贴”，这胸贴是专门给男性跑者使用的，因为男性跑者没有运动内衣保护，乳头长时间与上衣摩擦可能会产生破皮流血的情形；反之，穿着运动内衣的女性则不必担心这个状况发生。如果你是胸部比较不丰满的女生，还是建议要穿运动内衣跑步，但可以选择强度没那么高的款式。

跑步时要穿运动内衣，但要穿什么样的内裤?

A 有些专业慢跑短裤里面会多出一层三角形的内里，那层内里本身就有替代内裤的功能，因为与外裤一体成形，也比较不容易产生皮肤摩擦。如果不习惯单穿慢跑短裤的话，建议选择没有松紧带或缝线的内裤款式，材质也最好能达到轻薄快干、抗敏防摩擦。其实就健康的角度来看，会建议跑者不要穿太多层衣物；慢跑时穿着内裤、紧身裤、慢跑短裤……这么多层布料非但湿热不透气，上厕所时必须将汗湿的裤子脱下也必须花费一番力气。

运动内衣有集中托高、让胸型好看的款式吗?

A 虽然一般提到运动内衣时，大都会强调它束胸功能所带来的安全性，但确实也有不少厂商推出兼具集中托高、美化胸型功能的款式，有的甚至还有钢圈设计。在做瑜伽、皮拉提斯、伸展等较静态运动时，我们可以选择强度最低的运动内衣，而这类型内衣的样式选择也是最多的。中高强度的运动内衣也可大致区分为“背心型”与“胸罩型”，背心型适合胸部小的女性，胸罩型（包含特殊钢圈），则适合需要较大支撑力的丰满女性。

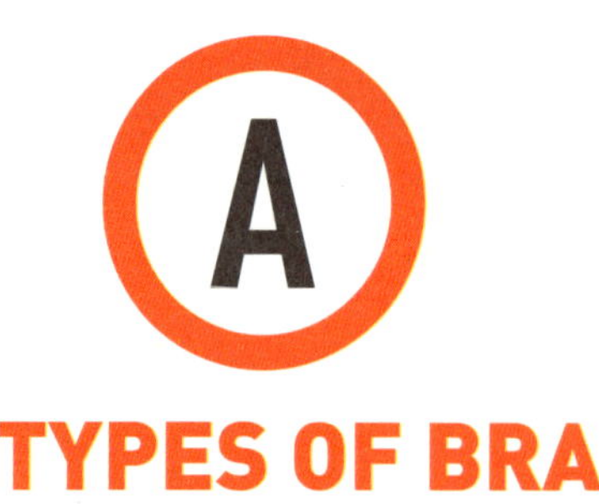

3 TYPES OF BRA
三款运动内衣大剖析

运动内衣对女跑者来说固然重要，但选购时却不算太复杂，各大专业运动品牌都会将它大致区分为三种类型：低强度款、中强度款、高强度款。低强度款适合瑜伽、皮拉提斯、静态伸展、高尔夫、慢步走等晃动冲击比较低的运动；中强度适合健走、慢跑、脚踏车、登山；高强度则适合快跑、有氧舞蹈、排球、网球、篮球那些需要跑跳、震动较大的运动类型。

买运动内衣时谨记一个原则：先知道自己将从事运动类型的强度，然后丰满的人就加一级强度、反之则减一级。为了安全着想、避免乳房肌肉与韧带拉伤，请所有女生都尽量穿着运动内衣跑步，但也别让“没有运动内衣”成为偷懒的理由，快去添购一件吧！

1

低强度款

适合瑜伽、皮拉提斯、静态伸展、高尔夫、慢步走等，晃动冲击比较低的运动，或是小罩杯的女性在进行一般运动时穿着。这类型的内衣外观选择较多，很适合作为服装搭配之用；有些具有替换肩带的设计，可以让女生更换不同颜色的肩带，或是交叉肩带以配合需要较多伸展的瑜伽动作。

2

中强度款

适合健走、慢跑、脚踏车、登山等大部分运动，跑马拉松通常会建议穿着这个强度的运动内衣。快干、吸湿、排汗性能是选购时的重点，因为跑马拉松必须长时间穿着，也要留意材质的舒适度。有分为背心型与胸罩型，罩杯大小各有差别，请依自身体型多加选择。

3

高强度款

适合短跑、有氧舞蹈、排球、网球、篮球那些需要跑跳、震动较大的运动类型；以及胸部较丰满的女性进行大部分运动时穿着。有些运动品牌会针对欧美体型女性而推出“超高强度款”，这类内衣内藏有特殊钢圈，能够更强力地支撑、增加胸部稳定度。虽然高冲击运动内衣部分价位较高，但为了运动安全，请女生们一定要依自身状况选购。

1
3
DRI-FIT
2

“跑步是为了找到内心的平静，
生命要过得好也是如此。” ——美国超马跑者，狄恩卡·那希斯

“Running is about finding your inner peace,
and so is a life well lived.”——DEAN KARNAZES

A GUIDE

PART 4

BEGINNER'S TO RUNNING

跑步新手入门指南

女生长跑时常遇到的困境，最高成因是练习不足，其次就是暖身不够。

4-1

WARM-UP EXERCISES

起跑前暖身

大家还记得小时候上学时，早晨朝会前都要到走廊上做早操吗？老师总说："要先暖身，今天才算开始！"

"暖身操"对所有运动都相当重要，对于跑步来说当然也是如此。因为暖身不足而造成长跑伤害的负面例子屡见不鲜；轻则影响运动表现，重则造成关节疼痛、抽筋、哮喘……说得明白点，女生长跑时常遇到的疑难杂症，最高的成因是"练习不足"，其次就是"暖身不够"。一般练跑三十分钟，我们会需要先进行约十分钟左右的暖身操，如果是要跑数小时以上的马拉松，就要再拉长暖身时间；而冬天（气温低时）必须更注重暖身，但也不表示夏天就可以随便行事。

我刚开始在国外参加路跑赛时，由于气温很低（摄氏只有个位数），不动来动去实在会冷到受不了，所以我很认真地在起跑前四十分钟就开始做操。但记得第一次跑台北马拉松时，因为天气较热而怠惰，没想到一起步后就立即发现自己的筋骨完全伸展不开来、韧带没有弹性，跑过十五公里之后，我居然连上臂三角肌都痛到不行……那场马拉松完赛后我整整酸痛了一个星期，从此以后就再也不敢轻视暖身操的重要性！

暖身操有两种功能：伸展肌肉，还有要在起跑前先让身体热起来。每种运动都得循序渐进，要先让身体准备好后再开始进行，才能有效预防运动伤害。暖身操的特色除了拉筋、活动关节之外，还要针对跑步常用到的肌肉，有唤醒的作用，如前大腿的股四头肌及臀大肌。通常女生的柔软度比男性好，但肌力及稳定性稍嫌不足，所以加强核心训练在暖身与平日锻炼上都很重要。

增强肺活量

扩胸伸展

跑步时需要大量换气，于是增加肺活量便显得相当重要。增加心肺能力的方法除了平日多运动、多练习之外，在跑前也可以做些扩胸伸展，延展胸大肌，也顺便锻炼背后的阔背肌。这动作常做可以预防驼背，也很适合低头族、电脑族。跑前维持此动作二十秒作为暖身伸展之用，记得要维持呼吸，并把注意力放在后肩胛骨上。

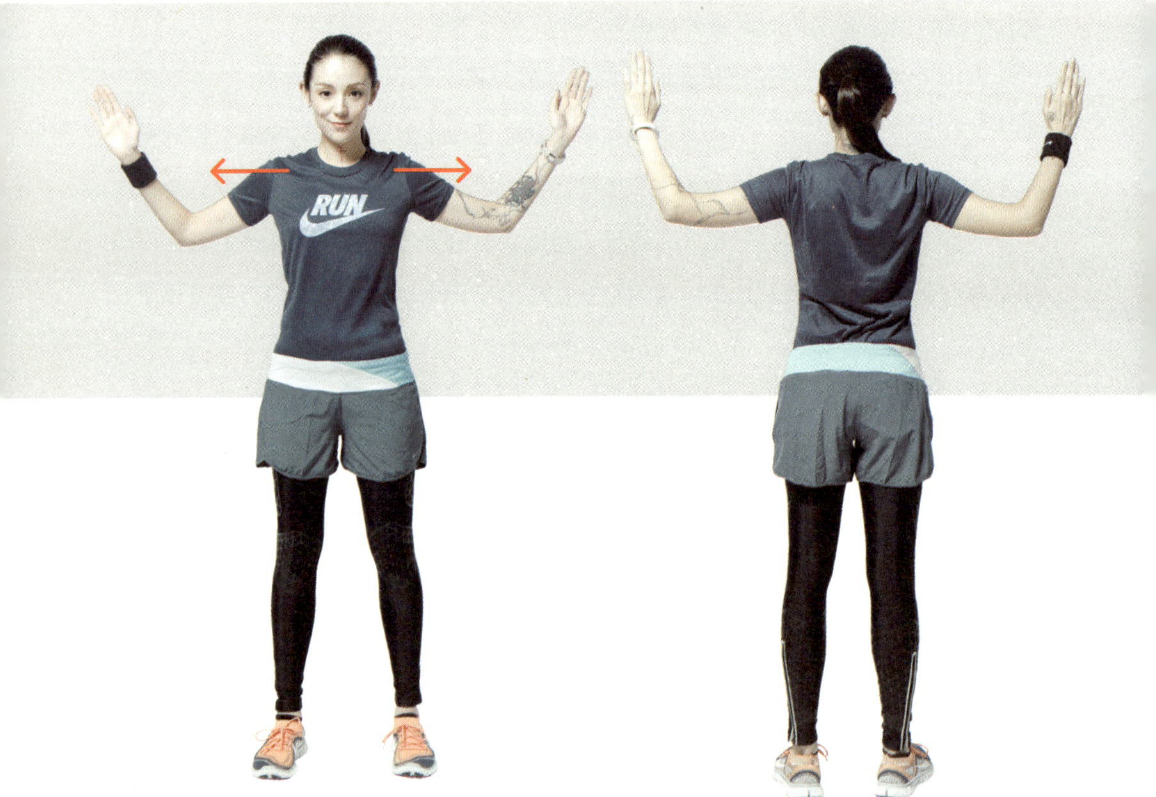

1

双手平举齐高，手臂可自然地弯曲不须用力。

2

两片肩胛骨出力夹紧，记得要抬头挺胸、肩膀要有往下沉的感觉才能延展到胸大肌。

双腿一前一后呈大弓箭步，前腿膝盖自然弯曲，后腿可以尽量跨大步一点。后脚跟离地呈垫脚姿态，后腿屈膝往下跪，但膝盖不要碰到地板，记得保持身体挺直，不可驼背前倾。

做此动作时记得屁股要往前挺，也就是将骨盆往前缩，你就会发现大腿前侧的肌肉得到充分伸展。如果驼背前倾、屁股没有往前挺，就没有办法达到伸展功效。

加强大腿肌耐力

大腿前侧股四头肌伸展训练

几乎对于所有田径运动来说，大腿前侧的股四头肌都算是相当重要的肌肉，马拉松当然也不例外。股四头肌发达的话不但可以扩大跨距，让选手在距离目标内完跑得更轻松，也可以增加突破撞墙期的耐力。这个动作可以伸展大腿前侧肌肉，略带强度的姿势也可以达到热身功效。跑前维持此动作二十秒后左右脚交换，记得将注意力放在臀部的位置，唯有动作正确（骨盆向前缩）才能达到伸展目的。

美化小腿线条

后侧腿筋伸展

跑前伸展后腿筋的方法有很多种，其中包括我们一般人较为熟悉的体前弯动作；但在有限的空间之内，其实只要姿势正确，小范围的动作就可以轻松达到伸展目的。这个动作不但可以在跑前作为暖身之用，跑后也是相当重要的舒缓，可以充分延展小腿腓肠肌、比目鱼肌、腿筋，还可以美化小腿线条，消除女生最担忧的肌肉小萝卜！跑前（或跑后）维持此动作二十秒后换脚重复动作，要注意前脚掌务必勾起，屁股翘起就像是要往后坐椅子的感觉。

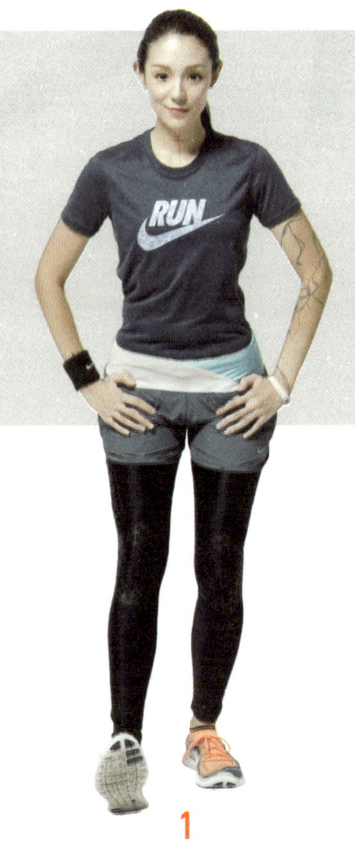

1

双脚稍微一前一后，跨距不用太大。双手自然放在大腿前侧，保持轻松。

2

前脚尖勾起，前腿打直；后腿膝盖自然弯曲，后脚跟不离地。屁股翘起来，并感觉像是要往后坐到一张椅子上一样。只要动作正确，就可以感觉到前腿的后侧筋、小腿肌肉得到伸展。

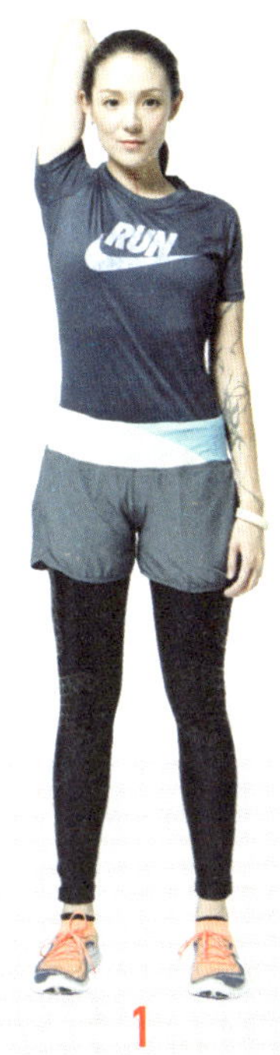

1

预备动作：一手抬起向后弯，像是在抓背一样。手掌自然贴着背部，颈部可以放轻松。

2

进阶动作：另一手轻抓抬起的手肘关节处，将它往对向拉。这个动作要先慢慢来，别一下子就拉太大力，以避免受伤。

3

加强动作：等到进阶动作维持一段时间后，可以稍微施加压力，让整个身体弯曲、充分延展体侧。如果要进一步伸展，可以腰部为中心、手肘为圆周画圆数圈；然后再换手重复动作。

充分延展全身

体侧伸展

虽然跑步时比较不常用到体侧，但充分伸展还是可以维持身体的平衡惯性。我们在跑步时靠着上臂自然左右摆动与核心肌群的力量来维持平衡，而这个类似“进阶版伸懒腰”的动作可以从上臂延展到腰部侧边的肌肉。这个动作不但可以作为跑前暖身之用，平日打电脑或搭飞机久坐时都可以试试。跑前维持此动作二十秒后换手重复动作，如果要充分延展，可以腰部为中心画圆旋转。

让你跑得更大步

髋关节活动

身高较高的人在田径场上往往占有优势，只因为他们每一步的跨距都比别人大。如果以同样的距离计算，跨距小的人可能必须跑个两千步、跨距大的人却只要跨出一千步就到达终点，可想而知他们跑起来会比别人容易多了。想要提升跨距，身高与腿长并不是一定的关键，如果你的髋关节够灵活，你就可以跨得更大步、跑得更轻松。在跑前或跑后都可以做这个运动，单脚顺时针转五下、逆时针转五下，然后换脚动作。要注意的是大腿要抬得够高，如果无法维持平衡可以扶着椅子或墙面。

单腿抬高，以髋骨为圆心、抬起的膝盖为圆周画圆，顺时针、逆时针各五下后换脚。旋转过程中若有听到关节发出“咔、咔”的声响是正常的，不用惊慌。如果无法维持平衡可以扶着墙壁或椅背。

单腿屈膝蹲下，另一腿向侧边拉长。双手放在身体前侧就可以感受到大腿内侧的伸展。这个动作维持 10~20 秒后换脚重复动作。

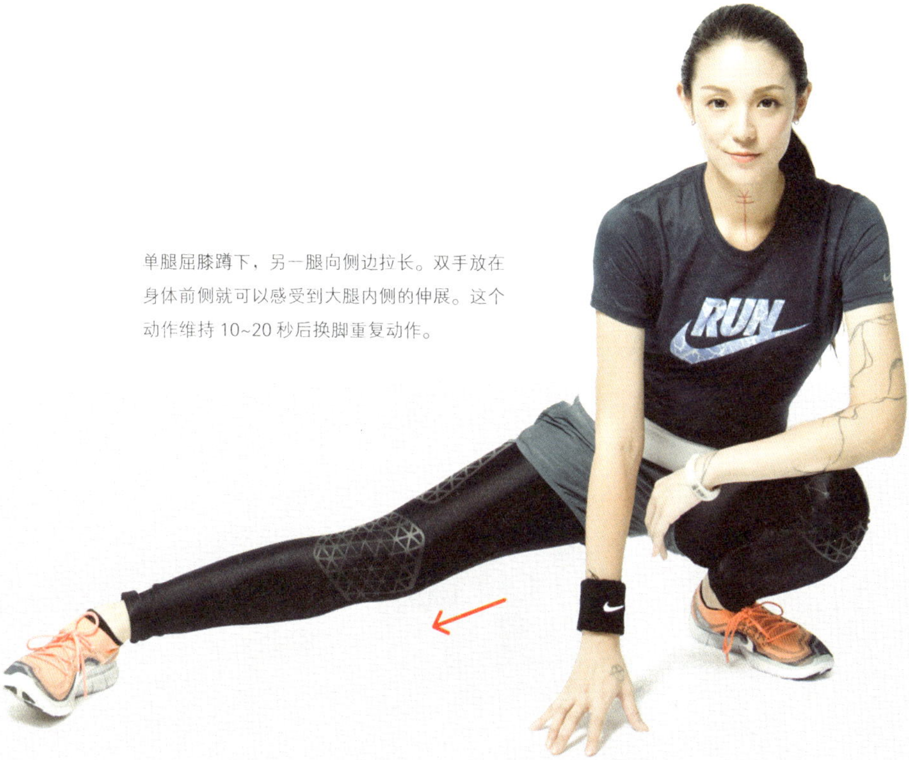

加强大腿跨距

伸展大腿内侧

跑步时会动用非常多的大腿部分肌肉，因此不只是前后侧，内侧也要充分伸展才行；大腿内侧筋延展度高的话，也会直接影响到跨距与其他相邻肌群的作用。在跑前跑后都可以做这个动作，单脚维持 10~20 秒后换脚，记得上半身要朝向正前方挺直，双手也要摆在前侧。

练出人人称羡好腹肌

加强暖身 平板式核心训练

位于腹部的“核心肌群”可说是一切运动的根本，锻炼它不仅只是为了人人称羡的腹肌，也是为了维持整个身体韵律的平衡、增进各种运动效能，甚至要保护脏器安全都得靠它。我们人体最脆弱的地方就是腹部，腹腔没有骨骼保护，只能依靠深层肌肉（Inner Muscle）作为护盾；也因此无论要进行何种运动前，都应该先好好锻炼核心肌群。对女生来说，“平板式”是锻炼核心肌群最简单有效的方法，这个动作如果姿势正确将会非常辛苦，但却是不得不加强练习的动作。平板式可以作为跑前暖身之用，建议每天持续1~3分钟。

如果臀部高起就表示姿势错误，此时下腹部要加强施力回到平板姿势。虽然错误的姿势做起来较轻松，但完全没办法锻炼到最重要的核心肌肉。

双手放在地上撑起，让身体呈现平板状；此时注意下腹部与屁股都要用力夹紧，如果腰部下沉或是臀部高抬都是错误的。这个动作的重点在腹部，腿部与手都要放松到能够移动的程度。女生做此练习时建议在地上铺张柔软的瑜伽垫防滑，如果真的太吃力，可以加宽两腿之间的距离。每次练习时，都要以正确的平板姿势维持1~3分钟才能放松休息。

索南东珠

PERSONAL TRAINER

某运动品牌台湾区体适能大使。在印度出生，从小在印度和尼泊尔长大，认识他的人都称他为“Sonam”或“索南老师”，拥有十多年的运动教学经历，专长包含私人教练教育训练、体态调整、体重控制、体适能及核心稳定训练、阻力训练、动作执行技巧等。

4-2

COOL-DOWN EXERCISES

跑步后收操

收操的冷却过程，回复正常代谢，对延续运动生命是件非常重要的事！

任何一种机器在运转停止前都必须经过一段冷却期（Cool-Down），人体就如同一台精密而美丽的律动机械；运动后的“收操”则是让身体慢慢冷却下来、回复正常代谢的过程。如果没有做好收操，我们在运动时产生的乳酸与废物将会堆积在肌肉深层无法排除掉，久而久之，你的肌肉会越来越僵硬……造成“铁腿”、块状肌肉（萝卜腿），甚至会逐渐增加受运动伤害的风险。也因此，职业运动员为了延长自己的运动寿命，对于收操与比赛后的伸展可是极度重视。

人体在运动过程中会自然生成数种物质，包括乳酸与氢离子，这些东西就是造成我们跑完步后感到酸痛、肌肉灼热的元凶；而你的运动强度越高，会产生越多的乳酸堆积（例如短跑或追求爆发力的球类运动）。一般来说，要代谢掉这些物质的方法很简单；只要在运动后进行一段放慢速度的缓和跑，并进行充分的静态伸展，我们人体自然有办法达到酸碱平衡、维持体内正常循环。

过去我在练跑时也曾经懒得做收操，我心里想：“跑完都这么累了，谁还要拉筋拉半天啊？”结果持续跑了数周后，我却发现自己的身体莫名地越来越疲累……后来询问教练才知道，原来缓和跑与收操的冷却过程，对于延续运动生命是件非常重要的事！于是我自此之后的每次练跑都会专心做收操，直至今日也是如此。

跑步后的收操也有两种功能：一是缓和运动后的身体循环、代谢乳酸，另一个功能就是延展紧绷的肌肉。女生最在意跑步跑多了会产生块状小腿肌，但只要在每次跑步后都能花心思做正确的拉筋姿势，你的肌肉线条就会变得很漂亮。对跑者来说，“放松肌筋膜”是非常重要的一件事，运动后如果不以收操姿势或工具解决“筋肌膜粘连”的问题，将会大大影响到往后的运动寿命！虽然跑完步已经很辛苦很累了，但收操也绝对不可以马虎喔！

保养阿基里斯腱

脚后跟腱伸展

脚后跟腱又被称为“阿基里斯腱”，位于小腿后下方、连接小腿肌肉与脚后跟，可是说是主宰跑、跳动作最重要的肌腱之一。神话传说中，希腊第一战士阿基里斯就是因为被弓箭射伤了肌腱才战败；相较同样起源于希腊神话的马拉松赛事，跑者们可不能轻忽阿基里斯腱的重要性。脚后跟腱虽重要但也相当脆弱，往往会在剧烈运动后造成发炎现象，如果没有适度伸展与保养，将会造成钙化、容易断裂，让运动员痛苦不已！伸展小腿脚后跟腱的动作可在跑前或跑后进行，动作维持 20 秒后换脚重复。

双脚一前一后，前后约一个步距宽；前脚自然弯曲，手部自然放松摆放。这个动作要将注意力放在后脚跟，后脚跟用力往下踩延展脚后跟肌腱。动作维持 20 秒后换边重复进行。

后腿脚跟要用力往下踩才能达到伸展目的，脚趾与前脚掌则是完全放松抬起的。

1

抬起其中一腿单脚站立，以抬起同侧手抓住前脚踝位置；如果重心不稳也可以用手扶着墙壁或椅子进行。

2

手用力将抬起腿往后拉，膝盖要在站立脚的后方才能达到伸展目的。抓住脚踝的手最好放在靠近前小腿底部的位置，以免拉伤前脚背。

舒缓大腿前侧肌肉

大腿前侧股四头肌静态伸展

我们在暖身单元有提到一个稍具强度的“大腿前侧股四头肌伸展训练”，股四头肌发达可以增加跑者突破撞墙期的耐力；也就是说，我们在跑步时一定会用到很多大腿前侧肌肉的力量，跑后当然也要好好地做舒缓。这个动作属于静态伸展，如果跑程较长，做这个动作时也会有比较明显的疼痛感，建议在完跑后立即进行才能达到目的，单腿维持 20 秒后就可换边动作。要注意的是：抬起那腿的膝盖要被拉到站立腿膝盖的后方，如果重心不稳也可以用手扶着墙壁。

舒缓跑后疼痛感

跨坐侧背筋伸展

跑步运动看似大都是腿部肌肉在出力，但其实上半身也需要以核心为中心、左右摇晃来维持平衡；上半身摇晃过大或过小的跑姿，都是不正确的跑姿。在跑前跑后可以作“体侧伸展”动作，也可以试试这个跨坐式的侧背筋伸展动作。这个动作的重点在于跨距要大、扭转时单边肩膀用力下压，但注意颈部不要施力过度；动作 5~10 秒后就可以换边来回重复。这个伸展也很适合在“久站”或“久坐”后进行，能有效舒缓腰酸背痛的情形。

1

双腿左右跨大步，上半身前倾，双手自然放在膝盖上；手指的方向要与膝盖同方向。

2

以侧腰（靠肩胛骨处）为施力点扭转上半身，肩膀往下压，颈部放松。

3

维持数秒钟后就换边重复动作，然后可以来回重复进行。

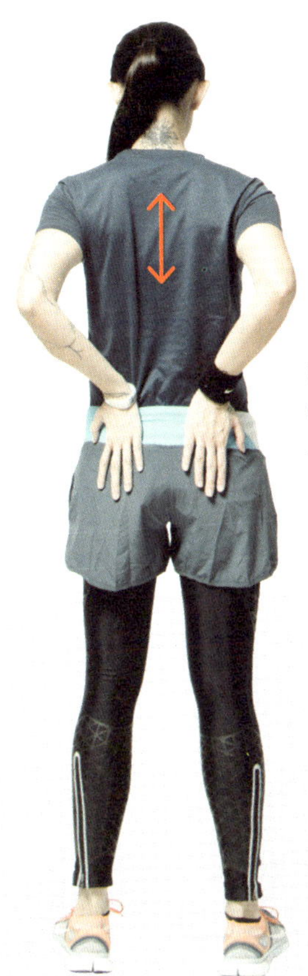

1

双腿轻松站立，双手掌平贴在后腰椎处，手指朝下。

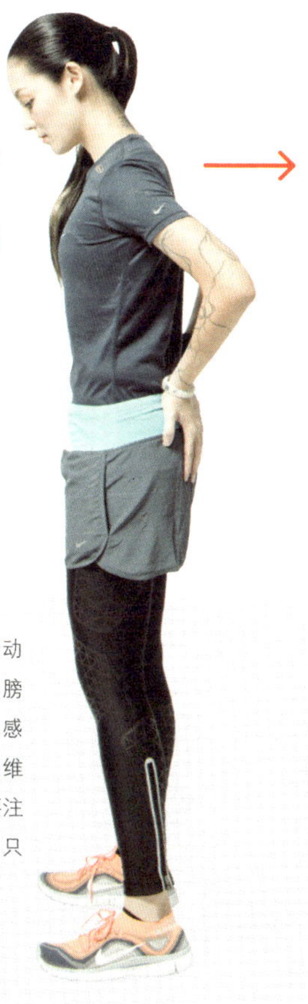

2

头部往下点压维持动作，感觉颈部与肩膀斜方肌有被拉扯的感觉。这个动作可以维持约10~20秒，要注意头颅不要震动，只要维持姿势即可。

改善肩颈酸痛

后颈部伸展

如果跑姿完全正确，跑完步后颈部应该是不会酸痛的；但对于刚开始练跑的女生来说，脖子与肩膀疼痛却常常是无可避免的后遗症。成年人的头颅重量约四公斤半到五公斤半，约占体重的百分之七，长发的女生头部重量又会增加；因此驼背或前倾的跑步姿势都有可能对肩颈肌肉造成负担。如果跑后发现后颈部疼痛，可以用这个拉筋方式作舒缓，不过还是要慢慢改善自己的跑姿才能治本。

拉开全身筋络

大腿后侧与臀大肌伸展

臀大肌伸展动作在瑜伽中常见，属于瑜伽“天鹅式（Swan）”的其中一种。这个动作能有效舒缓大腿后侧与臀大肌，臀肌也是长跑时会大量用到的肌群，所以跑者在跑后伸展时应该会颇具疼痛感。要注意的是，在进行这个动作时上半身要完全放松，以自己身体的重量帮助拉开紧缩的肌肉。这个姿势可以维持 20 秒以上再换脚，常做的话会成为非常舒服的拉筋方式，我自己每天在睡前也都会做。

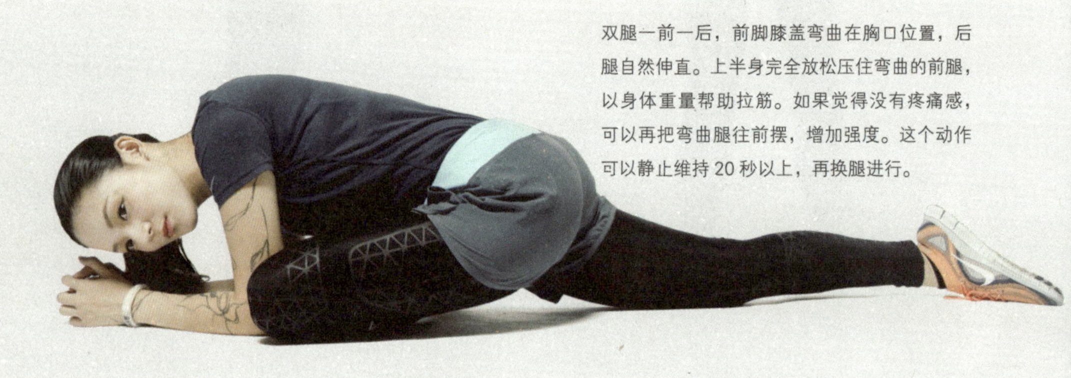

双腿一前一后，前脚膝盖弯曲在胸口位置，后腿自然伸直。上半身完全放松压住弯曲的前腿，以身体重量帮助拉筋。如果觉得没有疼痛感，可以再把弯曲腿往前摆，增加强度。这个动作可以静止维持 20 秒以上，再换腿进行。

加强筋肌膜放松

网球按摩法

跑后舒缓的方法除了“拉筋伸展”之外，使用工具来“放松筋肌膜”更能深层缓解肌肉组织粘连的情形。现在市面上有贩售各种尺寸的滚筒、滚棒，都是专门为了运动防护而开发的产品，价格有高有低。刚开始跑步的女生不妨照着这个 DIY 法制做阳春版的“网球滚轮”，不但耐用、好携带，还可以同时达到滚开肌肉粘连、脚底按摩的功效，无论跑前跑后都适用。

网球滚轮DIY制作方法

1

我们要准备的材料有：普通网球两颗（运动用品店有售）、缠绕电线用的绝缘胶带（略带弹性，五金行有售）。工具则只需要一把剪刀。

2

首先用单手紧握住两颗网球，然后用绝缘胶带直向缠绕，目的是将两颗网球粘在一起。大约重复缠绕几圈后就可以把胶带剪断，缠越多圈、越紧就越耐用。

3

接着再用胶带缠绕两颗网球的中间，记得要拉紧多缠几圈。

4

最后用剪刀把胶带剪断就完成了。

FINISH!

你也可以用不同颜色的胶带与网球做出不同变化，打造自己专属的筋肌膜放松工具。

1

坐在地上，单脚屈膝，单腿伸直，将网球滚轮横放在伸直大腿根后侧到臀部下缘。用手臂的力量将身体微微撑起，做前后小幅度的移动、带动网球滚动。这个动作能深层舒缓臀大肌的肌肉粘连，可能会十分疼痛，要稍微忍耐。

2

同姿势也可以按摩脚后跟腱，只要改将网球滚轮横放在脚后跟腱与小腿肌肉之间的位置。用手臂的力量将身体微微撑起，做前后小幅度的移动、带动网球滚动。

3

网球滚轮也可以用来做脚底按摩，只要在跑前或跑后用力踩着它小幅度滚动即可，这个方法可以舒缓跑步时常见的足弓酸痛情形。

4-3

HOW TO START RUNNING

跑步姿势大解析

在开始进行长跑训练前，先矫正好自己的跑步姿势是非常重要的功课！

完美的跑步姿势是一门大学问，即使是专业跑者往往也要琢磨多年才能抓到其精髓，但如果跑姿错误却可能造成很严重的后遗症，包括女生常见的“膝盖痛”、“小腿胫骨疼痛”等运动伤害。跑步时常见的疑难杂症成因之一是“练习不足”（肌耐力或柔软度不足），其次就是“跑姿不正确”；在开始进行长跑训练之前，先矫正好自己的跑步姿势是非常重要的功课！

一般说来，跑步就和走路一样，首要注意的是“不要驼背”；如果驼背跑步将会为肩颈带来很大的负担。另外足部的着地点也一定要留意，要习惯以脚跟接近脚掌中心的位置着地，并以腿筋的弹性作为缓冲。长跑时跨距大很好，但不需要为了追求跨距而让足跟直接着地、承受过多的震荡，只要留意这一点，差不多就可以避免掉跑步时“胫骨疼痛”的后遗症。

人体就像一个机械，跑步时上半身是维持平衡的关键；以核心肌群为中心左右摇摆，进而带动臀大肌、抬起双腿前进。跑步时上身不能驼背，但也千万不能向后仰，最完美的姿势是上身打直微微前倾，这也是能让跑者感到最轻松的姿势。手臂不用抬高，放在腰际轻松晃动即可。女生只要能完全掌握这些重点，就可以让长跑变得更容易。

索南东珠教练的小提醒

如果用不正确的姿势跑步，每踩一步，都会为身体带来伤害：短距离可能难以察觉，但要是跑一场半程马拉松甚至 42 公里全程马拉松下来，不知道会踩出多少步、身体会受到多少伤害？在追求跑得快、跑得久之前，女生们应该先注意自己的基础跑姿正不正确。矫正跑姿后再加上肌耐力锻炼、柔软度训练……只要假以时日，你就会成为一名对长跑得心应手的美跑者！

正确跑法 ✓

1 头颈部

头颈部与上身呈一直线，不可驼背或向后仰。

2 手臂

手臂放在腰部位置自然摆动，不须刻意抬高。

3 臀部

臀部肌肉用力以带动大腿抬起。

4 膝盖

膝盖是几乎不出力地自然转动。

5 脚部

以脚跟靠近脚掌中心点着地，身体自然地弹性缓冲。

错误跑法 

跑步时双脚内八字或外八字都不对，而女生常见的“跑步时膝盖痛”症状，就有可能是因内八跑姿造成，须多加留意！

加强大腿肌耐力训练，可拉大跨距，增加突破撞墙期的耐力。

D

“没有用尽全力，就是浪费天赋。”——美国传奇跑者，史提夫·普里方丹
“To give anything less than your best
is to sacrifice the gift.”—STEVE PREFONTAINE

PART 5

A HEALTHY D
FOR RUNNER

适合跑者的幸福小料理

IET
S

5-1

EATING HABITS OF PROFESSIONAL RUNNERS

马拉松跑者饮食准则

对女生来说与其计算营养价值，食物本身能达到的心理慰藉也相当重要。

说到“运动饮食”，大家应该会直接联想到：“多吃肉、多喝牛奶，补充蛋白质！”部分追求肌肉爆发力的运动员，甚至会将淀粉等主食的摄取量减到最低。但与竞技型运动不同的是，马拉松跑者需要比一般人更多的“碳水化合物”以补充肝糖能量……没错，碳水化合物，包含女生最喜欢的甜食！世界知名的跑者杂志甚至会定期评比“全美国最好吃的松饼”，让跑者们作为补充能量的参考。

“肝糖（Glycogen）”是什么？“肝糖原”存在于人体肝脏中，可以分解为葡萄糖，调节血糖浓度，供给全身能量。对于长跑运动员来说，动辄数小时的耐力赛中，你的身体会依序燃烧肝糖与脂肪，但比赛中途若肝糖耗尽，就会出现“撞墙现象”，导致疲惫、无法继续，而适时食用碳水化合物就是补充肝糖最好的方法。许多长跑选手甚至会在比赛前数天进行“肝糖超补法”，也就是摄取大量的淀粉、意大利面、米饭、全麦面包……囤积肝糖于肝脏，以应付耐力赛之下可能出现的各种状况。

吃这么多淀粉不会发胖吗?

就拿我自己来说好了，我体重五十三公斤，跑一场半程马拉松，约可消耗一千三百五十一大卡；全马则可消耗两千六百一十二大卡。这数字远远超过女性一天的卡路里平均摄取量，因此在马拉松前的密集训练下，肝糖超补法是不会造成肥胖的；或许体重会增加一至二公斤，不过那是身体随着碳水化合物囤积水分的关系，并不是脂肪。但也要千万记住，没有在做长跑训练时，可不能放肆地大吃蛋糕面包！

跑者在淀粉种类上也要注意选择，首先，我们一定要选择非人工合成的天然食品，最好是粗粮；例如糙米饭就比白饭好，因为糙米饭有较低的“G.I. 值”，与过度精致化的白米相比，糙米能徐徐供给身体更多的耐力。

什么是“G.I. 值”？ G.I. 值指的是“升糖指数”。我们吃完东西后，食物需要经过淀粉酵素的分解，转化成小分子的葡萄糖被人体吸收，进而使血糖上升，血糖的上升会促使胰岛素分泌量剧增，大量的胰岛素分泌又会促使体脂肪大量形成、快速造成饥饿感。食用低 G.I. 值的粗粮是抑制升糖指数的好方法，能有效减少胰岛素分泌的情形，增加进食后的耐力。

跑步后的疲劳该怎么靠饮食消除？

有一种造成身体疲劳的物质叫作“乳酸”，在剧烈运动后会堆积在肌肉之内，造成酸痛感。每个人的乳酸代谢能力都不相同，而且是可以训练出来的；记得我在练跑初期，只要跑个五公里，隔天小腿就酸痛到不行；第一次完成半马时甚至酸痛了一整个星期；但又训练了几个月后，跑完全马却只痛了两天。泡热水澡、泡温泉是消除乳酸堆积最好的方式之一，部分运动员会在赛事隔天再度进行慢跑训练，以自体循环代谢掉乳酸。饮食方面，“柠檬酸”是代谢乳酸的有效物质，当体内柠檬酸循环顺畅时，乳酸会消失，疲劳也会消除。

什么食物富含柠檬酸？莱姆、柠檬、柳橙、葡萄柚等柑橘类水果就富含柠檬酸，因此这些水果很适合作为运动后的补给品。长跑完大汗淋漓，吃下一瓣酸酸的柳丁可是具有难以言喻的幸福感！

与其吃得多，不如吃得幸福！

一场马拉松下来，必须挨饿至少两到六小时，在赛程中可以补充“能量胶”、“能量棒”，或是大会提供的补给品或香蕉；但绝对不可能让自己有“吃饱”的感觉。过多食物囤积在胃部上下震荡会造成很大的负担，甚至会有发生胃痉挛的危险！那到底要怎样在路跑赛程间补充身体所需的能量呢？首先，我们可以使用先前提过的“肝糖超补法”，在比赛前几天吃较多的碳水化合物，累积能量；平日也要训练自己“挨饿”的能力，与其吃大量没营养的东西吃到饱，倒不如选择对身体真正有益的东西，吃个六七分饱就好。

不过话说回来，记得在跑名古屋女子马拉松时，补给站居然有提供蘑菇形状的巧克力饼干！我顺手拿了几颗边慢跑边吃，心中满是浓浓的幸福感。看来对女生来说，与其生硬地计算营养价值，食物本身能达到心理慰藉的功能也相当重要。

以下，就是我专为女性跑者设计，不但吃得巧，又能带来幸福感的小料理！

5-2

FOOD FOR THE RUNNER'S SOUL

疗愈身心的跑者饮食

蔬菜、鲑鱼、果冻、香蕉松饼……三十三道跑前赛后的幸福疗愈美食！

跑者的幸福小料理

粉红梦鲑鱼巧达汤

材料

鲑鱼肉
洋葱泥
胡萝卜泥
西洋芹泥
橄榄油
蔬菜高汤
马铃薯切小块
鲜奶
低筋面粉
巴西利（西洋香菜）

器具

烤箱、汤锅

做法

1 鲑鱼肉放入烤箱烤熟，鱼肉拨碎去皮去刺。
2 汤锅中倒入适量橄榄油，放入洋葱泥、胡萝卜泥、西洋芹泥拌炒。慢慢倒入适量低筋面粉拌炒（小心勿烧焦）。
3 汤锅倒入蔬菜高汤、马铃薯丁炖煮至软，最后加入鲜奶。
4 将鲑鱼碎肉撒在浓汤上即可，可用巴西利做装饰。

摩洛哥塔吉锅炖番茄豆腐咖哩佐北非小米

材料

番茄咖哩

番茄
马铃薯
洋葱
红萝卜
青葱
百页豆腐
水或蔬菜高汤
速食咖哩块
红酒

北非小米
姜黄粉

器具

塔吉锅、大碗

做法

1 番茄、马铃薯、洋葱、红萝卜、百页豆腐切块，青葱切碎，放入塔吉锅拌炒至略熟。倒入些许红酒提香继续拌炒。
2 将速食咖哩块与热水或蔬菜高汤拌融，倒入塔吉锅一起炖煮。
3 北非小米放在大碗里，撒上适量姜黄粉，倒入滚水泡十分钟，小米熟了之后以叉子拌开。
4 盘子放上北非小米，淋上番茄豆腐咖哩即可食用。

路跑赛前夜一定要贪吃点！

WHAT TO EAT BEFORE RUNNING?

A-4

墨西哥玉米饼夹酪梨莎莎酱

材料

现成墨西哥玉米饼
酪梨
柠檬
罐头番茄丁
洋葱
砂糖
橄榄油
蒜头
盐跟胡椒
墨西哥辣椒

做法

1 酪梨切块、罐头番茄丁、生洋葱切丁、墨西哥辣椒切丁、蒜头切末拌匀。加入适量柠檬汁、砂糖、橄榄油、盐跟胡椒拌匀。

2 墨西哥玉米饼以平底锅干煎煎热，加入做法 1 的酪梨莎莎酱即可食用。

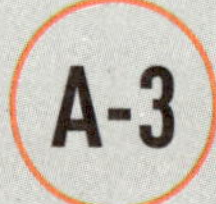

A-3

德国黑麦面包起司三明治

材料

德国黑麦面包
马札瑞拉起司片
新鲜番茄
美生菜
核桃
亚麻仁油

作法

德国黑麦面包切片，包入番茄片、美生菜、马札瑞拉起司片、碎核桃，可淋上适量亚麻仁油。

A-5

小绿绿菠菜豆腐起司意大利饺子

材料

菠菜面团

- 菠菜
- 蛋黄
- 全蛋
- 中筋面粉
- 杜兰小麦粉
- 橄榄油
- 盐
- 水

豆腐

康门贝尔起司（Camembert）

盐

初榨橄榄油

现成意大利面番茄酱

器具

调理机、搅拌用碗、保鲜膜、意大利面制面机（或擀面棍）、刀、面皮压模、纱布

做法

1 菠菜水煮煮熟后用调理机打成泥。

2 面粉、杜兰小麦粉混和后，拌入其他材料与做法 1 成绿色菠菜面团（如面团太干可适量加水），面团包上保鲜膜放置 30 分钟。然后取出以意大利面制面机或擀面棍压成面皮，再用刀切成小方形饺子皮（或用压模也可以）。

3 豆腐弄碎，以纱布包起挤干水分，与弄碎的康门贝尔起司搅拌在一起。

4 单片饺子皮放上适量做法 3 的豆腐起司泥，饺子皮边缘沾上少许水分，将两片饺子皮压粘在一起。放入加盐的滚水煮至浮起即是熟了。

5 煮好的意大利饺放上盘子，配上现成意大利面番茄酱，淋上适量初榨橄榄油即可。

慰劳自己的幸福甜点！

GIRLS LOVE DESSERTS!

材料

橘子

吉利 T

二号砂糖

新鲜薄荷叶

器具

保鲜膜、杯子、果汁机、橡皮筋

做法

1 二号砂糖加水煮溶化吉利 T 粉，橘子瓣加水入果汁机打成汁（白色纤维可以先去除，口感较不会苦涩）。然后将吉利 T 糖水与橘子汁搅拌均匀。

2 小杯子先放进一张保鲜膜，倒入做法 1，再将保鲜膜用橡皮筋绑起来成小球状，放入冰箱。

3 果冻成形后拆开保鲜膜取出，在果冻球插上新鲜薄荷叶模仿橘子的样子即可。

B-1

水晶橘子薄荷冻

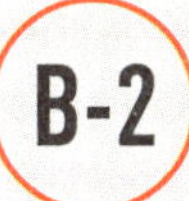

B-2

少女定番巧克力香蕉松饼

材料

有机松饼粉
鸡蛋
鲜奶
新鲜香蕉
巧克力酱
打发鲜奶油

器具

松饼机或是松饼模（平底锅煎法）

做法

1 松饼粉、鸡蛋、牛奶混和。放入松饼机煎成松饼，或是用松饼模在平底锅上煎成形状松饼。
2 松饼放上盘子，再挤上巧克力酱、切好的香蕉片即可。旁边可附上一些打发的鲜奶油。

B-3

贴心不粘牙花生酱饼干

材料

牛油
糖粉
鸡蛋
低筋面粉
花生酱

器具

搅拌器、烤箱、挤花袋、烘焙纸

做法

1 室温融化的牛油慢慢加糖粉在碗里打发。再加入打散的鸡蛋搅拌均匀。
2 将做法 1 拌入花生酱，拌匀后再慢慢加入面粉搅拌均匀。
3 将做法 2 面糊以挤花袋一份份挤在铺好烘焙纸的烤盘上，放入烤箱以 150 度烤 30 分钟左右至硬化、香脆即可。

补充元气的饮品！

WANT MORE ENERGY?

材料

水

红枣

西洋人参须

蜂蜜

器具

茶壶

做法

开水煮沸后放入去籽红枣、西洋人参须炖煮十分钟；最后加入适量蜂蜜调味即可。

C-1

韩风红枣人参蜂蜜饮

身体不渴椰凤汁

材料

新鲜凤梨汁

新鲜椰子汁

器具

杯子

做法

将凤梨汁与椰子汁混和即可，比例可自己斟酌（建议加入较多的椰子汁降低甜度）。

C-2

面红红黑糖四物饮

材料

水

四物

黑糖

干姜

器具

茶壶

做法

开水煮沸后加入四物、干姜炖煮 5 ~ 8 分钟；然后再加入适量黑糖调味，重新煮沸后即可。

跑者的超级食物

MAIN COURSE 主食

1 **番薯：**地瓜是一种碱性食品，热量低、蛋白质高，同时还拥有胡萝卜素、铜、维生素 C、维生素 E 以及高纤维。建议作为平日摄取，跑前请勿食用，因为纤维质会造成胃肠胀气。

2 **全麦面包：**面包是相当好消化的碳水化合物来源，选择低 G.I. 值的全麦面包更是理想。我在跑前几天会食用德国黑麦面包三明治，补充大量维生素。

3 **糙米饭：**糙米的维生素 B_{12}、B_2 特别丰富，每天摄取可以消除精神压力，缓和肌肉疲劳，强化心脏。

4 **全麦意大利面：**使用杜兰小麦（Durum wheat）制作的意大利面也是非常优质的淀粉来源，许多马拉松跑者都会在赛前一夜狂吃意大利面。我特别推荐全麦意大利面，G.I. 值较低，也富含纤维与维生素。

5 **墨西哥玉米饼（Taco）：**超马之神、美国 24 小时超马纪录保持人 Scott Jurek 常食用的主食；素食主义的他，也会食用油炸玉米饼补充能量。玉米饼是粗粮，富含膳食纤维与维生素 B，可包裹新鲜蔬菜与豆泥、起司食用。

6 **北非小米（Couscous）：**虽名为“小米”，但其实是以杜兰小麦制成的米粒，为地中海国家的重要主食。富含膳食纤维及维他命 B_6 与叶酸，因为卡路里较低，建议可以大量摄取。

VEGETABLE 蔬菜

7 **菠菜：**菠菜几乎是深绿色蔬菜之王，它含有丰富的维他命 C、胡萝卜素、蛋白质、矿物质、钙、铁等营养。其中大量的铁质更能预防女性跑者常发生的贫血现象，建议日常要多补充。

PROTEIN 蛋白质

8 **豆腐：**豆腐含有丰富的蛋白质、钙、维生素 E、卵磷脂、半胱胺酸等营养素。与肉类相比，大豆蛋白甚至是人体更好的蛋白质来源。

9 **起司：**起司含高钙、高蛋白，也富含维生素，如维生素 A、维生素 B 群、维生素 D、维生素 E，以及矿物质钠、磷。磷可以帮助钙的吸收，强健跑者所需的骨本。

10 **鲑鱼：**鲑鱼含有能降低血脂的不饱和脂肪酸，还有强健脑部与神经系统的 Omega-3 脂肪酸。但在选购上要注意来源海域是否有重金属污染问题，素食者可由摄取亚麻仁油取代鱼油的营养素。

OIL 油脂

11 **亚麻仁油：**含高量 Omega-3 脂肪酸，可预防心血管疾病；完全蛋白质则可维持人体必需胺基酸的产生。建议平日就将亚麻仁油作为沙拉淋酱、凉拌、搭配新鲜果菜汁。

12 **橄榄油：**橄榄油含有丰富的维生素 A、维生素 D、维生素 E、维生素 K，及内含的抗氧成分具有抗老化的作用。建议选用有机橄榄油，作为主要料理用油。

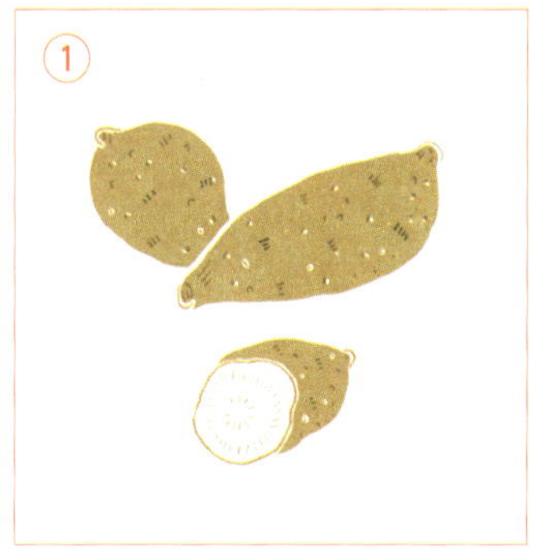
1

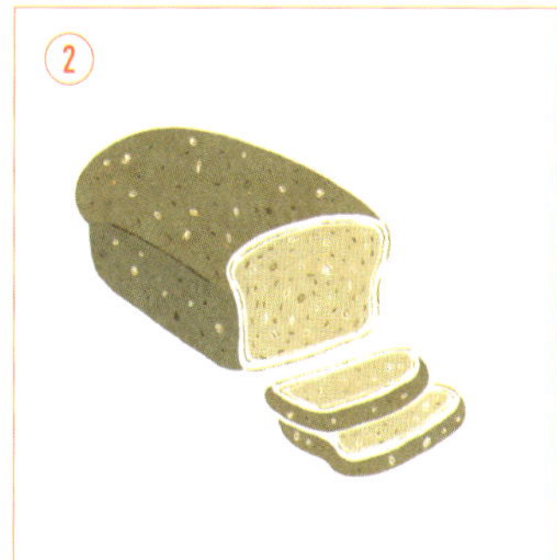
2

3

4

5

6

7

8

9

10

11

12

FRUIT & DESSERT
水果与甜食

13 **蜂蜜**：蜂蜜含有葡萄糖、寡糖、类黄酮素等营养素，能消除疲劳，是跑者很好的能量与热量来源。寡糖则能促进益菌的繁殖，有整肠、提高免疫力的作用。

14 **香蕉**：香蕉是运动员的超级食物，富含能预防抽筋的电解质，维生素C、钾、锰和纤维质；好消化，又能即时补充能量、提高运动表现。如果要举出一个对运动员来说最有益处的食材，我想绝对非香蕉莫属。

15 **柑橘类**：柑橘含有大量的维生素C、锌和叶酸，可以加速伤口愈合，有效预防感冒与坏血病。此外，还能协助钙质、铁质的吸收。柠檬酸可帮助代谢运动后的乳酸堆积，消除疲劳。

16 **椰子汁**：椰子水是天然电解质饮料，富含维生素B群、矿物质、微量元素（锌、硒、碘、硫、锰）、氨基酸、有机酸、抗氧化剂、酶、电解质和天然盐。与市售运动饮料相比，糖分与热量都相对较低，也不含人工化合物。

17 **黑糖**：黑糖含有丰富的维生素B_1、B_2，铁、锌、钙、钾等矿物质，还有高量葡萄糖，是相当优质的能量来源。

18 **花生酱**：花生酱含有丰富的蛋白质、矿物质微量元素和大量的维生素B、维生素E，热量高，能即时给予运动员做补充之用。

19 **黑巧克力**：黑巧克力中的黄酮可降低血脂、预防高血压与心脏病。研究指出，运动后饮用巧克力牛奶能明显降低肌肉损伤、补充碳水化合物来源。

CHINESE INGREDIENT
汉方食材

20 **红枣**：红枣含有蛋白质、脂肪及多种矿物质元素，如钙、磷、铁。以中医来说，红枣有补中益气、养血安神的作用，味甘性温的特性也很适合体质较虚寒的女性。

21 **人参**：人参在中医的功效为大补元气，复脉固脱，补脾益肺，生津止渴，安神益智。总地来说，很适合作为疲劳恢复、增强免疫力之用。

22 **四物**：四物指的是当归、熟地黄、川芎及芍药这四种中药的组合，能改善妇女阴虚、手脚冰冷、月经不顺，也能补充元气。建议女生在生理期之外可以固定食用四物汤、四物饮品。

跑前赛后一定要对自己好一点！

13

14

15

16

17

18

19

20

21

22

“有跑步的日子，都是好日子。”——跑者，凯文·尼尔森

“Every day is a good day when you run.”——KEVIN NELSON

PART 6

KEEP RUNNI

让自己继续跑下去

NG!
FLYKNIT
IS FOR
WINNERS

6-1

MAKE RUNNING FUN

让跑步变好玩

只要找对了方法，
跑步其实并不是
无聊的运动，
它也可以变得很好玩。

我们学会了跑步时要怎么穿搭、怎么热身、怎么调整姿势，也了解跑步时会遭遇到的疑难杂症该如何解决；但要怎么做才能持续对练跑的热情呢？

“刚开始几天还很兴奋地跑，结果一下子就腻了……”

“跑步好无聊，除了听音乐什么事都不能做……”

“因为都没有朋友陪我跑，我就越跑越少了……”

如果你出现了以上情形，请试试看这单元将告诉你的解决方法；你会发现，跑步其实并不是无聊的运动，它也可以变得很好玩。

方法一：旅跑

为旅游而跑、为跑步而旅游

我是一个爱旅行的人，我喜欢跟朋友一起旅行，更喜欢自己一个人旅行；但到了一个地方却只为了吃东西、买东西，是不是感觉少了些什么？以往出去玩我会凭着旅游书按图索骥，逛大家都知道的景点、吃观光客必吃的东西……但自从将“参加马拉松路跑”排进行程之后，我重新找到了认识一座城市的新方式，也因为参加路跑，让我对本来不熟悉的地方更有兴趣；例如我以往从未兴起到日本名古屋市游览的念头，要不是为了跑马，我可能会错过这一生中所吃过最好吃的鳗鱼饭！

对我们业余跑者来说，参加路跑本该是件轻松无压力的事，而将跑步加入旅游生活后，也能让跑者用双足重新认识一个原本已熟悉的地方。你可能去过东京，可能去过了筑地市场，也可能去过了晴空塔，但你是否曾亲身感受过东京马拉松那种盛大欢乐的气氛？“为旅游而跑、为跑步而旅游”绝对是提升旅游品质，又能让自己持续跑下去的好方法。

你知道法国梅铎区在每年的波尔多红酒产季，都会举办一场红酒喝到饱、生蚝吃到饱、起司吃到饱的“红酒马拉松”吗？你知道每年十月于旧金山举行的女子马拉松，完跑礼居然是 Tiffany 项链吗？如果心动了，就赶快展开练跑与旅游计划吧！

这一天终于来到了，二〇一三年三月，我得到前进日本名古屋的机会，为了参加名古屋女子马拉松的四十二公里全程马拉松（详细马拉松路跑资讯，请见本书“世界各地马拉松行程表”）。

方法二：跟朋友跑在一起

跑步不是孤独的

在这里先与大家分享一个新的名词“CREW RUN”，我们可以把它解释成“团跑”，再直接一点地说，就是：组成一个跑步团体，与朋友跑在一起。过去我们常常会认为跑步是孤独的运动，也确实有许多资深跑者告诉我们："跑步可以让你享受孤独。"但对于"道行"还不够深的女生们来说，一个人跑着跑着总是会感到有点无聊，也少了些持续下去的动力。

一个人跑步我把它简称为"独跑"，独跑的好处，就是能够花时间与自己好好对话。我认为，从事创作工作的人一定要锻炼自己独跑的能力，利用这段心无旁骛的时间，好好激发深藏在脑内的创意。独跑派的代表人物有日本文豪村上春树，村上曾说过："我对写作的很多掌握是从跑步学来……我跑步时不会沉浸回忆。基本上我一件事也不想，我只以最舒适、自我打造的空无一直跑着。"有超过三十年马拉松经历的村上靠着长跑时的冥想，完成了一部部脍炙人口的小说；而他也曾经挑战过一百公里的超级马拉松。

相较于独跑，"团跑"则又有不同的好处；除了好玩、与朋友互相督促进步之外，跑步团体也能更有力量地给其他人带来正向影响。我自己原本是个喜爱独跑的人，独跑可以不限时间、地点，只要自己有空就能去跑，但自从组成跑步团体之后，每个星期的聚跑都能为自己带来追求进步的正面压力（因为我的成员实在是太厉害了）。我们除了一起练跑，还会一起报名路跑赛、一起郊游玩乐，当然玩乐时也不会忘了要跑步……最棒的附加价值，就是我们影响了一些本来对跑步没兴趣的人，网友因为看到我们这么做而发觉"原来跑步可以这么好玩"，进而组成自己的跑步团体，将跑步融入生活之中。

全世界各地都有许多路跑团体，有的成军较久、规模组织较大，甚至可以出版自己的专属跑步商品；有的则刚刚兴起，以较少的人数在特定区域活动着。我们的路跑团体"Amazing Crew"就是属于小规模的新团体，在这边与大家分享一下 Amazing Crew 的聚跑方式：

我们的路跑团体 Amazing Crew 在 2013 年 4 月正式成军，成员有设计师、插画家，也有媒体工作者。

我与 Amazing Crew 的成员“马克妈妈”一同完成了 2013 年的“女生路跑 10K”，这也是我第二次参加女生路跑。

1 我们固定每周会找一天聚跑，固定时间、固定距离，但每次要跑的地方都不同，由每个成员轮流提供自己的跑步路线。这样做不但能增加聚跑时的期待感，也能接触到自己原本不知道的跑步路线。

2 我们每次聚跑完一定会一起去吃东西（《跑步疑难杂症》单元会和大家提到：在运动后吃东西会发胖是错误观念），聚餐的地方通常是跑步路线附近的美食，这也能增加成员来参与跑步的动力。

3 我们会一起报名各大路跑赛，像是二〇一三年的台北女生路跑、上海马拉松、二〇一四年的东京马拉松。这样不但能跟朋友跑在一起，还可以顺便旅游玩乐，一兼两顾。

4 我们在 Facebook 上成立自己的粉丝专页，除了能将自己每周跑步的情况分享给大家，也能增加各成员参与的动力与向心力。除此之外，也因为网路的关系，我们有机会与世界各地的其他路跑团体联系。例如香港路跑团体的成员来台湾玩时，我们就会带他一起聚跑，以双脚认识不一样的台北市。

我曾在人生第一次的路跑赛经验中体会到："每个跑者都是独自地在跑着，但却有着一样的目标、在朝着一样的方向前进；那是我亲身感受过最巨大的正面能量。"跑步乍看之下是孤独的运动，事实上，你能用团体的力量让它变得热闹而有趣。与朋友组成路跑团体，绝对是持续练跑动力的一个好方法。

6-2

RUN! GIRLS RUN!

女孩们，你是为了什么而跑？

每个女生要培养正向思考、要懂得爱自己，跑步就是爱自己的最好方法。

“正向思考”很重要，对跑者来说当然也是。不想出门路跑的理由上百种：上班太累、等公车腿好酸、今天没吃甜食、好像快下雨了？想减肥，明天再开始吧……“偷懒”很容易，但如果换一个角度去思考就会发现：如果勤快地跑了一场，将会为自己带来很多很多好处。知名跑者彼得·马赫（Peter Maher）曾说过一句话：跑步是一个天天都存在的大问号，它会问你：“你今天要当胆小鬼，还是要坚强？”

双足步行的人类可说是为了长跑而生的物种，当我在美国看到装着“刀锋义肢”的跑者在奔驰时，我心中得到了极大的鼓舞……即使意外夺走了一个人的双足，也不能阻止人类追求“跑步”的欲望。而四肢健全的我，又有什么理由不跑?起初，我是为了瘦身而跑，后来我是为了证明自己的坚强而跑，到现在，我只是“为了跑而跑”；因为我已经完全爱上它了！

每个跑者都会遇到“撞墙期”，而撞墙期有两种：一种是在跑步过程中体能遭遇的阻力；另一种形而上的，则是对于“跑步”这件事的倦怠感。如果女生们能培养正向思考的力量，将能把热忱转化为动力，转念之间轻松度过撞墙期。每个女生都要懂得爱自己，而跑步就是爱自己的最好方法之一。

这有五十个让女生继续跑下去的美丽理由，而你，又是为了什么而跑?

50 REASONS TO RUN!

让自己跑下去的50个理由

01 为了让屁股变小

02 为了瘦下大腿、穿上及膝马靴

03 为了夏天穿比基尼时会露出来的马甲线条

04 为了消耗刚刚偷偷多吃的一碗白饭

05 为了下午能多吃一块起司蛋糕

06 为了睡前能再多喝一杯香醇红酒

07 为了鼓励男朋友减肥

08 为了鼓励老爸戒烟

09 为了激励家人一起运动

10 为了通过学校体适能测验

11 为了参加卡拉OK大赛提升肺活量

12 为了改善手脚冰冷

13 为了饱览河滨公园的好风景

14 为了变成性感女神般的身材

15 为了宣泄被老板骂的愤怒

16 为了对抗慢性病

17 为了成为儿女心中的神力女超人

18 为了走出忧郁

19 为了晚上能睡得更好

20 为了与自己对话

21 为了调整自己的过敏体质

22 为了下个月计划的登山健行

23 为了给自己的朋友带来鼓舞

24 为了试试看自己能做到什么程度

25 为了追星时能离偶像更近一步

26
为了跟同事打赌的减肥奖金

27
为了像自己的偶像一样会跑

28
为了下次再也不会追不到公车或垃圾车

29
为了改善生理期失调

30
为了参加铁人三项赛

31
为了参与另一半的运动生活

32
为了穿下去年冬天买的那条紧身牛仔裤

33
为了降低体脂肪

34
为了吸引某位运动男孩的注意

35
为了参加同学会时让老同学吓一跳

36
为了穿上新工作面试的套装

37
为了出席昔日情敌的喜酒

38
为了让劈腿的前男友后悔

39
为了晚上让新男友欲火焚身

40
为了参加一场马拉松赛

41
为了累积Run Club里程数

42
为了体会脑内啡的感觉

43
为了找件事与好姊妹一起同乐

44
为了获得田径校队的提名

45
为了让数个月后的生产更顺利

46
为了变成吃不胖的体质

47
为了纪念离开这个世界的亲朋好友

48
为了证明自己是坚强的

49
为了带给别人坚强

50
不为了什么只因为我是一个喜欢跑步的女生（笑）

"'痛快跑一场'的感觉，和'窝在家里却希望自己有出去跑步'的感觉，哪一个比较棒？"

——跑者，莎拉·康杜

"Remember the feeling you get from a good run is far better than the feeling you get from sitting around wishing you were running."——SARAH CONDOR

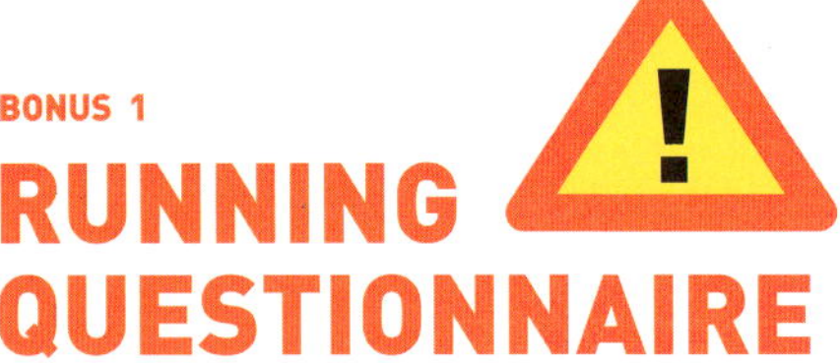

跑步疑难杂症

“跑步时膝盖会痛怎么办？”“跑步小腿会不会变粗？”“不是听说有人越运动越胖？”“跑步时可以化妆吗？”……女生跑步时会遭遇的疑难杂症何其多，如果没有得到正确解答，往往会成为让自己裹足不前，甚至放弃跑步的原因。同为业余跑者，我刚开始跑步时也是问题一堆，越跑越恐惧，后来自己上网查证、询问前辈与教练后，才发觉：“原来如此！我的担心是多虑的！”“运动学”往往是女生较不熟悉的领域，因此我要针对“运动基础常识”多加着墨。另外，身为女生，在跑步时也会遭遇一些男生不会遇到的困扰，例如生理期时可以跑步吗？接下来就让我们以问答方式一一厘清。跑步堪称是“最简单也最有深度的运动”，但只要了解它，跑步一点都不困难！

A 跑步基础常识篇

跑步基础常识是最重要的部分，这里我们会针对“运动学”的逻辑做简单解答，例如各部位的肌肉名称、跑步常会提及的专有名词等。另外，“跑者常遭遇的状况”也是刚开始接触跑步的女生们一定要留意的地方。

○ 跑步常会用到的腿部肌肉有哪些？

大腿前侧的肌肉叫“股四头肌”，是跑者最常用到的肌肉，短跑田径选手往往有发达的股四头肌。屁股的“臀肌”则是由数个肌群组成，细分为“臀大肌”、“臀中肌”、“臀小肌”，臀肌发达对于跑者的耐力与维持骨盆稳定度都很有帮助。小腿部分，跑者常使用到的是前方的“胫前肌”、后侧的“腓肠肌”（小腿肚），而小腿肚下方的“比目鱼肌”则是无论走路、站立都会用到的肌肉。

○ 什么是“有氧运动”？什么又是“无氧运动”？

“有氧运动”指的多半是长时间的中强度运动，如慢跑、脚踏车、健走等。由于此种运动方式能维持体内循环与血液供氧正常，所以不易造成“乳酸堆积”，也较能达到燃烧脂肪、提高新陈代谢的目的。而“无氧运动”通常指的是短时间、高爆发性的运动与肌力训练，如拔河、短跑、重量训练。无氧运动可以雕塑肌肉，但一定要与有氧运动交互进行。

○ “乳酸”是什么？为什么运动后会“乳酸堆积”？

“乳酸（Lactate）”是人体在运动过程中，葡萄糖代谢过程的中途产物。一般情形下，人体是可以自然代谢乳酸的，但如果你的运动强度过高、氧气供应不足形成“无氧代谢”，而乳酸无法在短时间内分解为水与二氧化碳的话，就会堆积在体内、造成肌肉疼痛；我们俗语所说的“铁腿”，其实指的就是“乳酸堆积”造成的酸痛现象（但也有可能是由肌肉纤维锻炼造成的）。

○ 跑步会造成乳酸堆积吗？

“乳酸”在运动学中是一个很复杂的东西，每位选手都有不同的“乳酸阈值（Lactate Threshold）”，也就是当你达到多少强度的运动量时，体内便会开始堆积乳酸，造成疲劳感。这个门槛是可以经由锻炼提高的，而 L.S.D. 长距离慢跑则是利用“身体可以自然代谢乳酸”的强度来进行的训练法。也因此，如果你是一个中低速度的马拉松跑者，其实不太需要担心乳酸堆积的问题；但若是短跑、冲刺跑，运动后则要花点心思去代谢乳酸。

○ 运动后要怎么排除乳酸堆积？

最简单的乳酸堆积排除法，就是“多喝水”、“吃些富含柠檬酸的食物（如柑橘类）”，让健康的身体自然代谢掉它。另外跑完步后“泡热水澡”、“三温暖”也是加速循环的好方法，台湾有不少资深长跑跑者都是“泡温泉”的爱好者呢！如果家中没有浴缸，可以利用莲蓬头针对酸痛肌肉进行“冷热水淋浴”，冷水冲一分钟、热水三分钟，交互进行。再来，“按摩”与“休息”都很重要，跑完马拉松的当天一定要好好睡上一觉。刚开始长跑酸痛会持续个三四天，等到有持续运动习惯后就会改善。

○ 跑步会伤膝盖吗？

有传言说“跑步会伤膝盖”，其实是天大的误会；只要姿势正确，跑步不但不会伤膝盖，对预防关节退化还大大有益，甚至能提升骨质密度、降低关节炎风险。正确的跑步姿势相当重要，当我们在奔跑时，下肢必须承受体重三至六倍的重量，也因此若以错误的姿势跑步，每踏出一步都是伤害。摒除姿势的部分，“体重过重”才是造成跑步伤膝盖的主因，建议体重过重的人先尝试快走运动，等到体重减轻后再开始慢跑，以避免膝盖受到太大压力。

○ 如果跑步不会伤膝盖，为什么我跑完步膝盖会痛？

跑步膝盖会痛的成因除了“体重过重”（奔跑落地时膝关节受到太大冲击），“姿势不正确”也是极大原因；当我们的脚在着地的时候，整个下身要保持弹性，让冲击力分散到全身，就可以避免以单一部位承受所有的震荡。另一个常见的原因，则是你“以为膝盖在痛”，其实是“膝髌骨摩擦韧带”造成疼痛，会产生这个现象通常是因跑前热身不足、肌耐力不够，女生可以借由减低速度、多加练习来改善。

○ 跑步完小腿好酸喔～大腿也好酸喔～

刚开始跑步时一定会遇到腿部酸痛的情形，这是正常的现象，主要成因就是“肌力不足”或是“乳酸阈值”较低，这两点都可以单纯地以持续锻炼改善。只要持之以恒地运动，就可以增加肌耐力、提升自体循环，相信很多初跑时的疑难杂症都可以获得改善。酸痛很正常，但留意酸痛的部位也很重要；如果是小腿前侧酸痛的话，可能是由于骨盆歪斜造成跑步时力线不正确，如果状况持续发生，建议女生寻求物理治疗师的专业协助。

○ 跑步小腿会变粗吗？

误以为“小腿会变粗”是造成许多女生不愿意跑步的原因，事实上，世界上绝大多数的马拉松跑者都拥有纤细身材、鲜少有大块壮硕的肌肉。我们的小腿主要是由“腓肠肌”与“比目鱼肌”组成，前者掌管爆发力，后者则关联到日常作息的行走与站立。会“横向发展”的肌肉是“腓肠肌”，这也是为什么我们常见短跑田径选手都有块状的小腿肌。而属于有氧运动的长跑与马拉松则不强调爆发力，不但不会造成萝卜腿，还能改善肌肉线条。除此之外，肌肉形状可以靠运动后的伸展与拉筋来修饰，但主宰小腿粗细的最大原因依然是“遗传因子”。

○ 跑步脚掌会痛怎么办？

跑步时脚掌会痛有几个成因：跑鞋不合脚、疾病（如痛风），而最有可能的原因是“足底肌膜炎”。足底肌膜炎是跑者常见的症状，尤其是“高足弓”或“扁平足”的跑者最容易发生，由于慢跑时足弓承受过多压力，造成足底肌膜过度伸张而发炎。除了天生的脚型之外，体重过重的人运动、突然激烈运动、穿着底太平的鞋子走路也都可能造成足底肌膜炎。如果发生了，请立刻停止跑步好好休息，然后请专业医师做诊断，不可大意。

○ 跑步时腰酸背痛、肩颈酸痛怎么办？

如果不是生理疾病造成的问题，跑步时会腰酸背痛、肩颈酸痛大概只有两个原因：“姿势不对”和“肌力不足”。矫正跑步姿势是避免掉大部分长跑运动伤害的最好方法，所有女生在开始练跑时一定要多加留意。而虽然跑步乍看之下都是下半身的肌肉在运作，事实上全身肌群都必须参与维持身体平衡；因此腰酸、肩膀疼痛等都是在练跑初期有可能发生的症状，只要多加练习，久而久之就能获得改善。除了跑步之外，也可以进行健身房的重量训练、NTC 等肌力训练，交叉训练将能提升肌力。不过若问题迟迟无法解决，请一定要到医院求诊，询问专业医师的意见。

○ “交叉训练”是什么？

对长跑跑者来说，“交叉训练（Cross training 简称 CT）”是提升成绩、突破撞墙期的好方法。当我们在跑步时，只会用到同样几块肌群，心肺功能的最大值也差不多是固定的；但如果我们在跑步之外再进行一些肌力训练或是不同性质的有氧运动（如游泳、自行车），在生理与心理上都将能提高跑步效能。如果女生想为路跑赛做准备而训练，建议可以在每周挑一天进行其他种类的运动，将能化解长时间进行单一训练的倦怠感。

○ 为什么跑步时会抽筋？抽筋了怎么办？

跑步最怕的突发状况之一就是抽筋，无论跑得多快、多顺畅，一旦小腿、脚板、脚趾等肌肉发生抽筋现象，就算是职业选手也会感到痛不欲生。跑步抽筋的成因其实有两种：“电解质不足”或“运动强度过高”；也因此，我们要有效预防抽筋就得在跑前仔细进行暖身，避免让肌肉一下子承受太大的运动量，而没有充足长跑练习的人也别贸然参加远距离马拉松赛。多喝水、最好要补充电解质饮料、盐巴、香蕉（富含电解质）也是预防抽筋的好方法。

○ 为什么跑步时侧腰会痛？要怎么解决？

女生在一开始练跑时常常会“侧腰痛”，我以前还曾经以为是“内脏疼痛”而吓得要命……其实，侧腰痛是每个初跑者都会发生的普遍现象，那是由于我们跑步时呼吸加快，造成腹腔横膈膜急促收缩产生的疼痛感。这个现象会随着锻炼而逐渐消失，但若发生了，只要放慢脚步、调整呼吸，用一个不会喘的速度继续跑下去，一会儿就可以获得改善。如果腹部核心肌肉强壮的人，也比较不容易侧腰痛（横膈膜痛），女生可以在平日多加锻炼。

○ 什么样的人不适合长跑？

双足步行的人类可以说是为了跑步而生的物种，长跑（慢跑）所带来的运动伤害少之又少，即使是残疾人士，也可以利用“弯刀义肢”进行田径运动。但就算如此，还是有少数人不适合长跑，例如体重过重的人与心脏有疾病的人。由于跑步时下肢必须承受体重三到六倍的震荡，所以体重过重的人最好先以饮食控制适度减轻体重后再开始慢跑。至于心脏有疾病或残缺的病患，则必须在经过专业医师的建议与审核下进行所有种类的运动。

○ 在跑步机上跑步跟路跑有什么不同？

在室内跑步机上跑步能够遮风避雨，也不受路况限制，那为什么还要路跑（在道路上跑步）呢？跑步机与路跑都是有氧运动，也都能加强心肺能力、燃烧热量，但跑步机却有很重要的一点不及路跑：无法锻炼到前进的推进肌肉。因为跑者在跑步机上是“被动前进”，与其说是前进，不如说是在跑步机上跳跃，也因此习惯跑步机的人去路跑时总会觉得比较吃力。我建议女生在天气状况允许之下还是要以路跑为主，看看风景也心旷神怡。

○ 每个星期到底要练跑多少天？每次跑多长的距离？

有一个“运动三三三”的口诀，其实非常好记：每周运动三次（运动频率）、每次超过三十分钟（运动时间）、心跳要达到一百三十下（运动强度）。

只要做到“运动三三三”，就能有效防范心血管疾病、慢性病，再配合饮食控制可以进而瘦身减脂。但如果是在为了路跑赛做准备的女生，建议把训练强度再提高，除了跑步外，也可以加入单车、游泳等交叉训练。若是为了马拉松（半程或全程），请务必在每周加入一次一个半小时以上的L.S.D. 训练（长距离慢跑）。

○ 跑步时好喘喔……到底要怎么调整呼吸？

刚开始接触跑步时总是一跑就喘，甚至会以为自己是不是心肺能力不好？不适合跑步？事实上，那只是因为你“跑得太快”了！你可能会觉得跟别人相比自己已经跑得很慢了，怎么会是因为跑得太快所以太喘？事实上，由于体质与运动习惯不同，我们每个人能接受的运动强度都不同，如果你跑步会喘，就代表这个运动强度超过你的能力所及；这时候只要放慢速度，以自己能自然呼吸的速度来跑就好了。只要多加练习，久而久之就能提高跑速，也能抓到适合跑步的呼吸频率。因此跑步时别把太多心思专注在“怎么调整呼吸上”，你的身体会自然找到方法。

○ 跑上坡跟跑下坡（山路）要怎么跑？

现在台湾除了一般路跑赛外，也常举行“越野路跑赛”，在享受山路美景之余势必得挑战上坡或下坡的考验。一般来说，跑上坡虽然感觉比较累、比较喘，但其实是比较简单的，你只要维持自己的心肺强度努力往上爬就好了，如果速度比平地时稍慢也没有关系。但跑下坡可不是靠“努力”就可以战胜的，还需要很多“技巧”才能避免运动伤害（尤其是对膝盖的伤害与髋关节拉伤）；跑者要靠核心肌群维持平衡，避免速度过快、跨距过大。我会建议跑者在为了越野路跑赛做准备时，可先以短距离的下坡做练习。

○ 吃饱饭后多久可以跑步？喝完酒可以跑步吗？

一般来说，吃饱后三十分钟去散散步、做些没什么强度的缓和运动可以帮助肠胃蠕动、促进消化，但跑步这种震荡大的运动可就不行了。吃完饭后最好要休息两个半小时以上才能跑步，避免食物在胃壁震动造成胃炎，反而有碍健康。上班族可以在下班后先跑步再吃晚餐，免得因吃饭时间太晚而舍弃运动时间。至于跑前最好不要摄取酒精饮料，除了因酒精影响平衡可能会产生的安全问题外，肝脏也必须专心分解酒精。

○ 夏天跑步时要怎么预防中暑？避免热衰竭？

台湾的夏季非常炎热，动辄摄氏三十几度以上，为了安全，我会建议夏季时把跑步训练改到晚上，距离与强度也可以稍微减低。路跑赛旺季是秋冬，夏季训练的目的主要是为了“维持体力”，所以不须太强求自己。除此之外，“多喝水”、“多补充电解质”是预防中暑的最好方法，喝水时记得要小口小口饮用，避免一下子灌太多水反而冲淡了体内的电解质，造成不适。

○ 跑步后脚趾甲发黑瘀青了，怎么办？

积极练跑后造成脚趾甲发黑、瘀青、甚至脱落都是跑者常见的现象，连我自己也没有幸免在连续挑战过几场马拉松之后，我的脚趾甲变黑，但却没有疼痛感，后来才知道脚趾甲变黑就是产生了瘀血现象。黑趾甲的成因有几个可能性：跑鞋尺寸太小造成挤压、习惯以脚趾着地、跑者脚趾甲过长。只要多注意以上几点就可以避免黑指趾情形发生。但如果是“灰趾甲”，就必须要就医了，因为那有可能是闷热造成的霉菌感染。

○ 听说生病流汗会比较快痊愈，所以感冒时可以跑步吗？

在印象之中，小时候感冒了妈妈都会叫我们去冲热水澡，让身体循环加快、赶走病毒；而跑步运动也能让循环代谢加快，所以我们在感冒生病时也可以去跑步吗？答案是：初期感冒可以，大感冒最好别这么做！如果你只是受风寒，可以跑跑步、祛祛寒气（要注意跑完别被风吹又再度着凉），但如果是病毒造成的感冒，最好就是多休息，让体内白血球能专心与病毒奋战。有固定运动习惯的人比较不容易生病，但若生病了，真的要让身体好好休息一段时间。

女性生理保健、路跑赛篇

女生跟男生的生理结构不一样，女跑者总也会遭遇一些男生无法体会的问题，这个单元将针对此部分做简单解答。此外，我也会以自身经验分享参加路跑赛时女生要注意的地方，每个人状况不尽相同，但可作为女生们参考之用。

○ 女生在生理期的时候可以跑步吗？

"经痛"是男生永远无法体会的痛苦，痛起来什么事都做不了……但如果你是个没有生理痛状况、平常又有运动习惯的女生，势必会想在生理期时维持自己的运动习惯。其实生理期时跑步不是不好，慢跑运动会帮助子宫收缩，若你是经血量过少的女性，可以利用慢跑做改善；但若是一般女性，则可能会造成经血量变大或是经期变短。我建议女生在生理期的前两天多休息，把跑步改为瑜伽或伸展等静态运动，善待自己的身体。

○ 运动对改善生理期（经痛、生理期频率）有帮助吗？

改善经痛的方法，除了如中医所告诫的：少吃冰冷寒凉的食物，运动也是一个很好的方法，这运动分为生理期间与生理期外的运动。以往没有运动习惯的女生在开始跑步后，身体代谢提高、体质会趋于平衡，进而改善妇科问题。但生理期间最好改做一些瑜伽舒缓运动，能有效化解不适感。心情放松也很重要，我在刚开始跑步时反而生理期混乱，后来才知道原来我给了自己太大的心理压力。

○ 怀孕的时候可以跑步吗？

依中医传统观念，怀孕时最怕"动了胎气"，孕妇不能跑、不能跳、不能爬楼梯、不能搬重物……但近年来欧美却越来越流行"孕妇慢跑"，说能改善子宫收缩、使生产顺利。其实孕妇是可以运动的，除了帮助子宫收缩外，运动带来的愉悦感也能缓解怀孕期的不适，但要注意运动强度绝对不可以高，而且怀孕初期胎盘还没稳定（容易流产），也最好不要做剧烈运动。怀孕到底能不能跑步？建议准妈妈们还是要先询问医生。

○ 胸部较大的女生在跑步时要注意什么？

在"运动内衣"单元中，我有与各位女生提到运动内衣的重要性，由于跑步是高震荡的有氧运动，胸部肌腱会产生拉扯情形，因此运动内衣的稳定性相当重要，胸部大的女生尤其要注意。在运动内衣的选购上，跑步时要穿的是"中强度"与"高强度"的运动内衣，但胸部丰满的女生则要选择"高强度"到"超高强度"，以避免震荡时带来的伤害。

○ 跑步时放屁是正常的吗？

在参加路跑赛时，常听到四周跑者发出此起彼落的放屁声，当因为觉得尴尬而忍笑的时候，没想到自己也"噗～"了一下……这种经验应该许多跑者都有遇过。跑步时放屁是再正常也不过的事，因为运动本来就会促进肠胃蠕动，无论放屁或是打嗝都是正常的反应，因此不须大惊小怪。但如果你的排气情形很严重，就要想想看自己是不是在运动前吃了容易造成胀气的食物？例如地瓜、芋头、黄豆或可乐汽水。

○ 参加路跑赛前夜要睡多少时间？

一般建议每个人每天要有六到八小时的充足睡眠，不要太多也不要太少，参加路跑赛前也是一样。紧张感往往会造成跑者无法入眠（像我第一次跑全马前夜只睡了三个小时……），也因此，我们在路跑赛举行的前几天就要开始调整生活作息，把闹钟定在"起跑时间的前三个小时"，例如比赛当天是早上六点起跑，从前几天开始就要习惯在凌晨三点起床。跑后的补眠休息也很重要，尤其是跑完全程马拉松之后，适度补眠可以让身体与肝脏回复正常代谢。

○ 路跑时遇到下雨该怎么办？

天有不测风云，跑起来动辄数小时以上的马拉松或 L.S.D. 长距离慢跑训练更是有可能遭遇气候转变，也因此，我们在起跑前就可以做些准备，例如戴上跑步专用的帽子或墨镜，不但可以遮阳，也可以预防下雨后雨滴进眼睛造成不适。如果路面有积水的情形，在跑步时速度可以稍稍放慢、注意安全以防滑倒。其实对许多跑者来说，雨天跑步是相当舒服的，反正晴天跑完身体也是会汗湿，下雨反而有降温作用。

○ 参加路跑赛时要注意什么礼貌事项？

近年来路跑风气兴盛，但因为步行而不礼让的参加者越来越多，造成路跑赛大塞车、变成"游行"，这情况是许多跑者都不乐见的。为了成为更有礼貌的跑者，刚开始接触路跑赛的女生们一定要注意以下事项：

一、如果你跑一跑感到不适，想要拉筋，请一定要退到跑道边边进行。

二、如果跑累了，想要改为行走，也一定要退到跑道边，以免阻挡到后面速度较快的跑者。许多有经验的跑者在参加路跑赛时会配速，如果无法照自己的配速前进可能会造成身体不舒服，请跑速较慢的跑者务必做到礼让。

○ 在路跑赛途中领取补给品（水、食物）时该注意什么？要喝多少水？

通常马拉松赛是在每隔两公里半处会有一个水站，供应饮用水或运动饮料，但依照各大会规划不同也会各有区别。水站与补给站（食物）会绵延数公尺，想要领取补给品的跑者可以尽量往前移动，以免造成塞车。喝完的水杯、食物包装请扔到垃圾桶或跑道边边，绝对不可以就地乱丢。喝水频率由跑者自行评估，如果天气较热，建议每个水站都停下来喝水。而补给品、食物、能量胶不可拿太多，保持公德心才能让每个跑者都享到应有的福利。

○ 女生参加路跑赛要在什么时候上厕所？

相对于男性，女性膀胱容量本来就比较小。在动辄数小时的马拉松赛中，就算流了很多汗，只要有积极补充饮用水，必然会遇到想上厕所的情形。别因为担心跑到一半想尿尿就不喝水！路跑赛在赛道沿途都会设有流动公厕，但上厕所的时间各有优缺点：离出发点近的厕所通常会大排长龙，而接近终点的厕所虽然人较少，但因为已经跑了一长段时间，停下来上厕所会让身体冷却，再起跑会很辛苦。也因此，我建议女生若是参加长程赛（全马、半马），最好是想尿尿就先去；短程路跑赛则要靠终点再上，以免浪费时间排队。

○ 女生一个人在户外练跑时要注意什么安全事项？

女生在外一个人练跑时，安全是最重要的！尤其是夜跑或是在河滨公园、山林间等较偏僻的地方。可以的话，最好是找朋友或孰悉的男性亲友陪跑，如果对方不跑步，可以请他骑单车跟着。若找不到人陪跑，女生要尽量避免到人烟稀少、阴暗的地方练跑；记得要穿着具反光功能、亮色系的服装，也要带着手机。除此之外，也可以随身携带小哨子或防狼喷雾，千万不可以轻忽大意！

肌肤保养美妆篇

跑步时的肌肤保养与美妆方法可说是“最不重要”但女生们“最关心”的单元了，包括我自己也是。我在参加路跑赛时总想着：待会儿到终点线拍照一定要美美的！这个单元我将以自身经验与美妆知识解答疑惑，女生们可以参考看看。

○ 跑步时可以化妆吗？

运动时体温上升，皮肤为了散热会扩张毛细孔，脸部肌肤当然也不例外；如果这个时候使用粉底或其他化妆品涂抹在脸部肌肤上，将有可能造成毛细孔阻塞，生成粉刺、痘痘。而进行有氧运动时本来就会大量出汗，妆容无法持久，所以我其实不太建议女生在跑步时上妆。如果为了拍照需求必须化妆，粉底要改用不会阻塞毛孔的 B.B. 霜，眉笔可改为防水液态眉笔。眼妆（眼线、睫毛膏）最好避免，以防流汗时流入眼睛影响视线也造成不适。跟平常一样，跑完记得要仔细卸妆。

○ 跑步时要怎么选择防晒产品？

防晒产品在选购上要注意的是“防晒系数”（SPF），SPF 是“Sun Protection Factor”的缩写，意思是延长皮肤被紫外线 UVB 照射时间的倍数；“PA+”则是表示“皮肤被晒多久会变黑”。为了预防皮肤癌与生斑、病变，无论想不想晒黑，建议每个跑者都要在身体外露处涂抹防晒乳、防晒油，而且最好是 SPF30 以上、PA+++、成分天然的防晒用品，并于每两三个小时就要补擦一次。跑完步洗澡时要先以卸妆（卸防晒）用品清洁，再用沐浴乳清洗，才不致让防晒乳成分阻塞毛孔。

○ 运动完要怎么清洁脸部皮肤？

运动跑步时由于循环加快，肌肤为了散热会自然扩张毛孔，而长时间运动也有助于将体内的废物、脏污借由汗水代谢排出，这也是为什么许多运动员即使受到风吹日晒，皮肤状况却依然不错的原因。我们在跑完步后要先用清水把脸上的脏污、盐分轻轻抹掉，避免用力搓揉；然后再以纯天然成分的清洁用品洗净毛孔。洗完脸后记得要做好保湿，尤其是在冬天，由于长跑时冷风吹拂肌肤，很容易造成脸部干燥缺水。

○ 有做微整形可以跑步吗？

“微整形”一般指的是非手术侵入性的医学美容，例如注射肉毒杆菌抗皱、注射玻尿酸、微晶瓷等填充脸部凹陷处，或是磨皮、换肤以提升肤质。微整形并非永久性，注入体内的成分会随着代谢速度而消散，而运动会提高代谢；也因此，如果你有注射肉毒杆菌、玻尿酸又跑步的话，可能会造成整形效果提早消失。在刚注射完之后也不可以运动或冲洗热水澡，以免填充液体任意流动，造成额头皱纹还在眼皮却合不起来等窘境。做过磨皮等皮肤手术则不建议晒太阳，以避免肌肤反黑。

○ 做过整形手术的人可以跑步吗?

“整形手术”通常指的是永久性、侵入性的美容医学手术，例如割（缝）双眼皮、隆鼻、削骨、隆乳手术等。“整形手术”就和所有“手术”一样，都会有一段外伤复原期，在伤口完全复原之前，是不建议做任何剧烈运动（包括跑步）的；但如果已经完全复原，可以在医师的专业建议下和一般人一样运动。做过隆乳手术的女生要更加保护胸部，改穿高强度的运动胸罩，以防止拉扯到本来很脆弱的乳房肌肉。

○ 长发的女生在跑步时要绑什么样的发型?

为了避免麻烦、减轻身体总重量，有些职业运动选手会选择剃光头或理平头，但我们女生可不需要做到这样，跑步一样要美美的。我本身就留着过腰的超长发，以往跑步时“绑马尾”都是直觉选择，但我现在发现“绑包头”更好；不但可以避免马尾甩动时打到自己的肌肤或身边的跑者，也可以预防摆动时的离心力造成颈部酸痛。绑包头时要注意牢固性，如果跑到一半头发散开实在会令人心情烦躁……此外，也可以戴上运动专用发带，避免刘海或发丝妨碍视线。

○ 如果想以特殊装扮参加路跑赛，有什么要注意的地方?

在参加路跑赛时，我们常常可以看到有跑者穿着特殊装扮，增添了不少路跑乐趣。我看过跑半马的黑武士、跑全马的超人与蜘蛛人，还有男生直接穿着全套燕尾服西装跑全马，到达终点后立刻向女友求婚，实在是浪漫极了！如果想要以特殊装扮参加路跑赛，主要得注意服装的“舒适性”，避免在长时间奔跑后磨伤肌肤，另外“透气性”也很重要，太热或妨碍到呼吸都不行。如果扮装参加路跑也不需太在意成绩，安全与趣味性比较重要。

运动减肥篇

许多女生开始跑步的契机是“瘦身减肥”，而动辄三四十分钟以上的长跑运动确实是消除脂肪、燃烧热量的好方法！除了正常跑步以外，还有什么附加方法可以帮助减肥呢？这个单元的问答可以解除你的疑惑、更有效率地维持体态。

○ 要怎么知道自己有没有过胖?

虽然电视荧幕中的明星、模特儿拥有曼妙纤细的身材，但瘦到像她们那样不见得健康。要知道自己有没有过胖，首先可以计算“身体 BMI 质量指数”，计算公式如下：BMI= 体重（kg）除以身高的平方（m^2）。也就是说，如果体重五十公斤，身高一百六十公分（一点六公尺）的女生，她的 BMI 值就是“50÷2.56=19.5”，成年人（不分男女）的标准 BMI 值是在十八点五至二十四之间，在这个范围内就算健康。其次，可以经由专业仪器测量自己的“体脂肪”，三十岁以下女性体脂肪在 17% 至 24%、三十岁以上在 20% 至 27% 都算正常，超过的话就要多运动了。

○ 在什么时候跑步对减肥比较有帮助?

慢跑是优质的有氧运动，无论什么时候跑步都对提升人体代谢、维持身材有帮助，但如果是在早晨空腹时跑步，将更有助于瘦身。空腹时身体被逼迫分解体内现有的物质以供给运动热量，所以“燃烧脂肪”便成为身体的第一选择；早晨路跑还可以吸收到植物制造的新鲜氧气，在高氧环境下人体代谢会更好。但要注意的是，早晨空腹跑步要留意自己的血糖与血压，如果饿到晕头转向可就危险了！建议不要跑太长的时间，每天三十分钟刚刚好。

○ 穿多一点跑步会比较容易瘦吗?

常常看到有人穿着棉袄或不透气的塑胶雨衣在慢跑，似乎是想逼出更多汗水、帮助瘦身。事实上，维持体内的基本温度对瘦身确实有帮助，除了提升基础代谢率之外，也可以避免人体为了御寒而自然囤积脂肪。但如果穿太厚，则有可能造成体温过高或因流汗过多而中暑、热衰竭，适得其反！穿雨衣跑步后减轻的重量也大都是水分，只要喝个水体重就回来了。如果想有效瘦身，与其穿厚外套跑步，还不如拉长自己的运动时间，让人体持续代谢。

○ 跑完步吃东西会不会越跑越胖? 跑步的人要吃什么比较好?

以为“运动完吃东西会更容易发胖”是让许多女生不愿意运动的原因之一，还有网络传言说“跑完步吃下的食物热量会更容易被吸收”，事实上这是完全没有医学根据的误谬。只要我们每天“摄取的总热量”不超过“被消耗的热量”就不会发胖，女生一天需要摄取的热量约在一千五百大卡至两千大卡之间，因身高体重而异。只要注意别因运动完的饥饿感而“非理性饮食”、摄取过多热量，跑完步吃东西绝对不会发胖。长跑完的三十分钟内，建议赶快吃一些碳水化合物，例如香蕉，将有助于填补消耗的肌肉肝糖，让隔天训练更顺利。

○ 跑步的速度会影响减肥效率吗? 还是跑步的时间比较有影响?

跑步的速度（步速）我们可以视之为“运动强度”，而跑步的时间则是“运动长度”，一般来说，运动强度与长度都要达到一定标准才能有减肥效果，最好是超过三十分钟、心跳达到一百三十下以上。依据体质不同、练习程度不同，每个人能达到心跳一百三十下标准的步速也不同，但与其逼迫自己提升心律，不如“维持运动强度、拉长运动长度”对燃烧热量还比较有帮助；这也是为什么有如此多的跑者都在推广“长距离慢跑”的原因。

○ 跑步可以瘦哪些身体部位?

跑步看似都是下半身在工作，但其实是种全身性的运动；像我刚开始跑步时，感到瘦身最明显的部位居然是手臂和小腹。跑步时手臂要晃动、腹部核心肌群也要作用才能维持身体平衡，下半身就更不用说了，臀部、大腿、小腿肌肉在练跑后都会更加结实，使身体线条变漂亮。先前于问题“跑步小腿会变粗吗？”解答过，慢速度长跑并不会长出大块肌肉；但如果女生想要针对身体部位做雕塑，可以在跑步之余另外做一些重量训练、肌力训练，如健身房的器材、NTC 课程。

BONUS 2

INTERNATIONAL MARATHONS RACES DIRECTORY
世界各地马拉松行程表

实际马拉松相关资讯（举办日期、路况等）请参考各大赛事官方网站！

月份	赛事名称	地点	距离（米）	简介
1	厦门马拉松	中国，厦门	10K、21K、42K	赛事规划完整，风景优美。参赛者多，跑起来会有点拥挤。
	金门马拉松	中国台湾，金门	10K、21K、42K	跑过昔日战地风景，完跑礼是一瓶特殊包装的高粱酒。
	埃及国际马拉松	埃及，路克索	12K、22K、42K	你想得没错，真的是跑过金字塔！但气温高、治安欠佳。
2	香港马拉松	中国，香港	21K、42K	大会规划完善，赛道有难度；跑完可以顺便吃东西买东西。
	东京马拉松	日本，东京	42K	世界六大马拉松之一，赛道佳、气氛好、扮装跑者多，能饱览东京各大景点；可说是没理由不参加的赛事。
	冲绳马拉松	日本，冲绳	10K、42K	风光优美，台湾跑者很多，补给品很有冲绳风味。
3	京都马拉松	日本，京都	42K	为了提振“311”大地震后东日本的士气，关西地区便开始举办京都、大阪、神户马拉松。赛道优美，跑者也可感受到日本人对马拉松的热爱。
	北马樱花马拉松	中国，台湾，新北市	42K	沿途都是山樱花美景，“初马奖”（第一次完成全马）是非常漂亮精美的琉璃马奖座。
	台北国道马拉松	中国，台湾，台北市	12K、22K、42K	景色单调，但能跑在国道上机会难得（应该很少人有机会能双脚踩在高速公路上？），地面质感与柏油路不同。
	高美湿地马拉松	中国，台湾，台中	42K	风力发电机区域景致优美。
	东亚首尔国际马拉松	韩国，首尔	42K	规划很好，跑完还可以大吃大买，对女生吸引度满点。
	名古屋女子马拉松	日本，名古屋	42K	全世界最盛大的女子全马，完跑礼是 Tiffany 项链，会有帅哥穿着燕尾服在终点发给完跑者。
4	波士顿马拉松	美国，波士顿	42K	世界六大马拉松之一，但参赛门槛很高。跑者可以将取得波马参赛资格作为练跑目标。
	巴黎国际马拉松	法国，巴黎	42K	景致极度浪漫，关门时间为 5 小时 40 分。
	维珍伦敦马拉松	英国，伦敦	42K	世界六大赛事之一，规划顶级，慈善感觉浓厚。
	四万十川樱花马拉松	日本，高知	42K	四万十川的樱花美景世界有名。
5	北京长城马拉松	中国，北京	42K	跑在万里长城上是难得体验，但有不少阶梯。
	PUMA 荧光夜跑	中国台湾	3K、5K、14K	在晚间起跑，可佩戴荧光饰品营造派对气氛。短距离很适合初跑者参加。

月份	赛事	地点	距离	说明
6	普吉岛马拉松	泰国，普吉岛	10.5K、21K、42K	景色优美，但有坡度，气温湿度也很高。
	NIKE 女生运动节	中国，台湾，台北	6K、10K、21K	只有女生可以参加，除了路跑之外还有 NTC Party 等相关活动，气氛超欢乐，很适合作为女生第一场路跑赛。
7	里约马拉松	巴西，里约	42K	跑过基督山雕像震慑人心，关门时限是六小时。
	阳明山越野路跑赛	中国，台湾，阳明山	5K、21K	七月的阳明山还算凉爽，坡度有点难度，但风景优美。
8	札幌马拉松	日本，北海道	11.5K、42K	道路平坦，赛事规划完善，札幌美食众多。
9	柏林马拉松	德国，柏林	42K	世界六大马拉松之一，赛道完美，常有顶尖跑者在此创下纪录。
	台湾精工城市路跑赛	中国，台湾，台北	3K、12.5K	路程短，很适合作为第一场路跑赛。
	梅铎马拉松	法国，波尔多	42K	传说中的“波尔多红酒马拉松”，赛道沿途免费供给红酒与美味食物（生蚝、起司、鹅肝酱），优秀跑者还可将与自己体重相等的红酒搬回家。
10	芝加哥马拉松	美国，芝加哥	42K	六大马拉松之一，一生一定要跑过一次。
	旧金山女子马拉松	美国，旧金山	21K、42K	虽名为女子马拉松，但男性也可以参赛。旧金山山坡路段多，可饱览金门大桥等美景。完跑礼是 Tiffany 项链，会有帅哥穿着燕尾服在终点发给完跑者。
	信义乡葡萄马拉松	中国，台湾，南投	6K、23.2K、42K	传说中的“办桌马拉松”，赛道沿途免费供给当季葡萄、甜椒、水果……跑完还有原住民烤山猪肉、小米酒、碱粥。
	北京国际马拉松	中国，北京	21K、42K	气氛热闹、外籍跑者多，但公厕不足问题长年被诟病。北京市有时会有较严重的空气污染问题。
	大阪马拉松	日本，大阪	8.8K、42K	从著名古迹大阪城起跑，赛事规划完整。
11	纽约市马拉松	美国，纽约	42K	世界六大马拉松之一，据跑过的人都说会有种起鸡皮疙瘩的感动，一生中一定要跑一次。
	神户马拉松	日本，神户	42K	神户市日本马拉松起源地，跑起来颇有意义。
	台湾米仓田中马拉松	中国，台湾，彰化	9.4K、22.6K、42K	跑在台湾乡间的田中央是难得体验，景色优美，补给站什么食物都有（甚至还有泡面），是“跑过都说好”的口碑马拉松。
	太鲁阁峡谷马拉松	中国，台湾，太鲁阁	21K、42K	台湾最具代表性景致的马拉松，身为台湾人一定要跑过。但因在国际间越来越热门，现要报名已改为抽签入选制。
12	上海国际马拉松	中国，上海	10K、21K、42K	气氛热闹欢乐，但有点混乱。
	富邦台北马拉松	中国，台湾，台北	3K、9K、21K、42K	台北一年一度的大盛事，参赛者多，跑起来会有点拥挤。
	澳门马拉松	澳门	21K、42K	参赛欧美国籍人士很多，跑完可以到赌场玩或吃澳门美食。
	檀香山马拉松	夏威夷，檀香山	42K	完全无时间限制，用散步的都可以。虽然在夏威夷，但参赛者有九成是日本人，补给品也会以“日本口味”为主。

“用力跑！要坚强！有野心！”

——1960 年代澳洲知名田径教练，珀西·切鲁迪

“Run hard, be strong, think big!”——PERCY CERUTTY

建议女生的一周运动计划

WEEKLY EXERCISE PLAN

星期一	慢跑30 ~ 40分钟。
星期二	交叉训练30 ~ 40分钟(单车、飞轮、游泳、舞蹈……)。
星期三	静态伸展(瑜伽、普拉提……)。
星期四	慢跑30 ~ 40分钟。
星期五	休息日(可做静态伸展)。
星期六	L.S.D.训练(长距离慢跑120分钟)。
星期日	休息日。

阿靖哥的小提醒:运动时间可自由决定，白天路跑要注意防晒、多喝水预防中暑;晚上夜跑要注意安全、穿着亮色系衣服。如果遇到下雨或天候状况不佳，可以偶尔改到室内健身房、运动中心使用跑步机。

女生疯路跑！路跑赛前要携带的物品

MARATHON PACKING CHECKLIST

A. 攸关参赛资格，一定要准备的东西：

☐号码布（可以事先别在路跑赛当天要穿的衣服上）

☐成绩晶片（可以事先绑在当天要穿的跑鞋上）

☐家中钥匙（如果跑完没人可以帮忙开门的话……）or 饭店房卡

B. 最好要带的东西：

☐衣保袋

☐衣保卡（记得填好自己的姓名与电话等资讯）

☐御寒外套（冬季必备，可放在衣保袋内，到终点时拿出来穿）

☐毛巾（可放在衣保袋内）

☐手机（智慧型手机到终点时还可以拍照）

☐手机臂套（跑步时放手机用）

☐零钱（以防临时要买纪念品、坐车）

C. 如果有也一起带会更好：

☐能量胶、运动食品（马拉松专用，网路有售）

☐卫生纸（以防突然想上厕所）

☐GPS 手表（记录跑步路程）

☐跑步专用帽子（预防日晒、风吹雨淋）

☐备用橡皮筋（长发女生必备，以防绑头发的橡皮筋意外断掉）